Manuela Lewentz

OPAS SEELE BLEIBT

Manuela Lewentz

OPAS SEELE BLEIBT

Manuela Lewentz

Opas Seele bleibt

Verlag:	Mittelrhein-Verlag GmbH, Mittelrheinstraße 2–4 56072 Koblenz
Umschlaggestaltung:	Davina Kuhn
Umschlagmotiv:	Shutterstock
Herstellung und Satz:	sapro GmbH – Gesellschaft für Satzproduktion, Mittelrheinstraße 2–4, 56072 Koblenz
Druck und Bindung:	BoD – Books on Demand, Norderstedt

© Mittelrhein-Verlag 2023

ISBN 978-3-925180-46-0

Tote tanzen länger

Meine Ruhe, meine Stärke, beides finde ich in der Natur. Beim Umarmen eines Baumes, am liebsten meiner Eiche, spüre ich Wärme, die meinen Körper durchflutet. Lebendigkeit und das Gefühl, ich bin nicht allein, gehören ebenso zu meinen Empfindungen, die ich in diesen Augenblicken aufnehmen darf. Eintauchen in die Natur, tiefe Gefühle zuzulassen, alles habe ich von meinem Opa gelernt. Mein Opa ist mein Lieblingsmensch gewesen und heute noch meine Stütze im Alltag, mein stiller Berater und Begleiter. Immer wieder suche ich unseren Ort der Zweisamkeit auf und treffe auf meinen Opa. Im Anschluss fühle ich mich zuversichtlich und gehe gestärkt zurück in meinen Alltag. Die Erwartungen, die an mich gestellt werden, da bin ich mir im Anschluss an meine Begegnung mit Opa sicher, kann ich, dank neu gewonnener Kraft, erfüllen.

„Gehe mit offenen Augen in die Natur, Anne. Rieche und atme ganz bewusst, halte deine Augen offen, und du wirst immer wieder neue Eindrücke in der Natur sammeln. Nirgendwo anders bist du dem Himmel so nah wie in der Natur.“

Dank meines Opas ist mein Leben gefüllt mit schönen Momenten und Gefühlen. Von ihm durfte ich zum Beispiel lernen, auch die kleinen Momente im Alltag, die mir guttun, zu erkennen. „Warte nicht immer auf das Große, das Besondere, um glücklich zu sein. Der kleine Moment kann schon dazu beitragen, sich besser zu fühlen. Wer auch die kleinen Glücksmomente sieht und genießt, geht zufriedener durch das Leben.“

Opas Fürsorge, seine unermüdlichen Versuche, mir das Leben und die Natur zu erklären, sie haben mich geprägt und gestärkt.

„Zu dem Leben, Anne, gehört auch der Tod", sagte Opa eines Nachmittags zu mir. Wir saßen gerade in Opas alter Gartenlaube und spielten eine Partie Schach.

„Gevatter Tod kommt eines Tages zu mir", betonte Opa des Öfteren. Richtig ernst habe ich das zu diesem Zeitpunkt noch nicht genommen. Für mich war mein Opa doch gesund und fit, was sollte sich für uns schon ändern?

„Wir alle haben unsere Zeit auf Erden. Keiner von uns kann vor dem Tod davonlaufen", lächelte er sanft und zog im Anschluss an seiner Zigarre.

Wer kennt sie nicht, die Kostüme von Gevatter Tod? Aber seien wir doch ehrlich, spätestens dann, wenn der Tod an der Tür klopft, ist der Spaß vorbei.

„Du hast noch viel Zeit, Opa", habe ich ab und an geantwortet, oft habe ich nur auf Opas Worte hin geschwiegen.

„Wir alle haben unsere Zeit hier auf der Erde und unser Ende ist schon mit der Geburt vorbestimmt", bemühte sich mein Opa, mir seine Gedanken näherzubringen. Wir zwei spielten einmal mehr eine Partie Schach.

„Du musst dich besser konzentrieren, Opa."

„Und du musst mir zuhören, Anne", konterte mein Opa. Seine Stimme war sanft und doch spürte ich an jenem Nachmittag, jetzt ist der Zeitpunkt gekommen, Opa zuzuhören und seine Worte über den Tod aufzunehmen.

Die letzten Tage vor Opas Tod habe ich schon gemerkt, ihm schwindet die Kraft. Selbst beim Schachspiel konnte er sich nicht mehr konzentrieren, seine Gedanken trifteten ab und ich gewann jede Partie, was sonst nur eine Ausnahme war.

„Er kommt bald, der Sensenmann", sah mich Opa eines Mittags müde an.

„Du kannst mich doch nicht allein lassen!"

„Meine Seele wird hier auf der Erde ihren Platz finden, davon bin ich überzeugt, Anne. Du musst sie finden und dann sind wir zwei für immer untrennbar. Ich glaube an ein Weiterleben hier auf Erden."

Im Anschluss zog er an seiner Zigarre und pustete den Rauch in die Luft. Ich sah ihm dabei gerne zu. Zu der Zeit war das Rauchen noch salonfähig und niemand machte sich Sorgen, als Passivraucher gefährdet zu sein.

„Anne, ich sage die Wahrheit, mein Kind."

„Dir passiert höchstens ein Unfall mit deinem alten Auto", habe ich geantwortet. „Du fährst schneller als ein Rennfahrer und viel schneller, als es erlaubt ist."

Opa nickte auf meine Worte, daran kann ich mich noch gut erinnern.

„Deiner Mutter wäre es lieb, ich würde meinen Führerschein abgeben und endlich akzeptieren, alt zu sein", er zog die Luft durch die Nase, was ich schon als lustig empfand. Es war seine Angewohnheit, mit Tatsachen umzugehen, die er nicht wahrhaben mochte.

„Ich bin jetzt 86 Jahre alt und ich möchte am liebsten 110 Jahre alt werden, damit ich noch sehen kann, was aus dir später wird und, wenn du heiratest, ob du Kinder bekommst."

„Du wirst noch lange leben", habe ich Opa in diesem Moment geantwortet und für mich war es auch selbstverständlich, dass ich meinen Lieblingsmenschen noch lange an meiner Seite haben werde. Zumindest wollte ich das glauben.

Meistens hat Opa vom Tod gesprochen, wenn wir eine Partie Schach gespielt haben. „Du willst nur gewinnen und versuchst, mich abzulenken", habe ich ihm einmal entgegengeworfen. Opa schüttelte seinen Kopf energisch. „Nein, Anne, das ist nicht in meinem Sinn. Ich möchte dich nur auf das Leben vorbereiten und dir alles erklären, was ich weiß. Dazu gehört mein Geheimnis."

Dies war ein Augenblick, der mich aufhören ließ. Geheimnisse haben eine anziehende Wirkung, was ich meinem Opa auch sogleich mitteilte.

„Es geht um den Tod und das Weiterleben der Seele im Anschluss", teilte er mir mit. So prickelnd war für mich das Thema oder das große Geheimnis in dem Augenblick doch nicht mehr. Ich erinnere mich genau, wie enttäuscht ich war, dass er mir kein richtiges Geheimnis anzuvertrauen hatte.

„Es gibt ein Leben nach dem Tod, Anne. Das ist doch spannend! Nicht viele Menschen machen diese Erfahrung und kommen einer toten Seele nahe."

Mir waren die Worte von meinem Opa geläufig und ich habe mich nicht gewundert, sondern ihm einfach Glauben geschenkt. „Ein richtiges Geheimnis wäre mir lieber gewesen", habe ich im Anschluss meinen Kakao getrunken. Opa grinste. „Mein richtiges Geheimnis, Anne, ich werde es dir bald schon anvertrauen."

An einem Nachmittag, wir spielten in der alten Gartenlaube Schach und ich konzentrierte mich gerade auf meine Dame, als Opa sagte: „Anne, wir gehen doch regelmäßig in den Wald."

Ich sah kurz vom Schachbrett auf und nickte ihm zu. „Bei einem meiner vielen Ausflüge in die Natur habe ich meine Fähigkeit gespürt, verstorbenen Menschen nahe zu sein."

Was mein Opa mir erzählte, lenkte mich ab und brachte meiner Konzentration auf das Spiel einen Abbruch.

Bisher hatte Opa immer nur Andeutungen gemacht, besondere Fähigkeiten zu besitzen, ist aber niemals ins Detail gegangen, was an diesem Tag anders war.

„Ich kann mit meinem alten Schulfreund reden, Anne. Ich suche regelmäßig den Platz in der Natur auf, wo ich auf seine Seele treffe." Opa lehnte sich nach diesen Worten genüsslich in der alten Gartenlaube zurück und sah mich an.

Meine Fantasie ging automatisch auf Wanderschaft und ich stellte mir das vor, was mein Opa mir gerade erzählte. Auch fragte ich mich, wie nur die Seele aussehen mag.

„Mir ist wichtig, Anne, dir die Angst vor meinem Tod zu nehmen. Du sollst die Gewissheit haben, wir zwei werden niemals für immer getrennt."

Für Opa war es selbstverständlich, eines Tages nach seinem Tod hier auf der Erde, dank einem Platz für seine Seele, weiterzuleben.

„Meine Seele bleibt hier und sie wird einen schönen Ort finden, an dem ich meine Ruhe haben werde. Ich stelle mir diesen Platz ruhig und behaglich vor", paffte Opa an seiner Zigarre.

„Dann kannst du doch auch gleich am Leben bleiben", habe ich an diesem Nachmittag zu meinem Opa gesagt. Opa sah mich lange an. „Wenn das nur ginge, Anne. Dies wäre mein größter Wunsch."

Als Kind kommt einem das Leben so unendlich vor. Menschen, die über vierzig Jahre alt sind, findet man alt. Für sich selbst steht die Welt noch offen und alles scheint möglich zu sein.

Die Worte von meinem Opa habe ich erst Jahre später richtig verstanden, seine Botschaft, die dahintersteckte, ebenso.

Die Sanduhr

„Anne, wir haben alle eine Sanduhr und wenn diese abgelaufen ist, dann ist ein Leben zu Ende."

Diese Worte sagte Opa zu einem Zeitpunkt, als wir schon oft über den Tod gesprochen hatten. Mich haben die Unterhaltungen nicht verschreckt, ich fand es interessant, meinem Opa zuzuhören, und ich habe viel von ihm gelernt. „Wo glaubst du, Opa, steht deine Sanduhr?", wieder einmal spielten wir Schach und ich musste mich sehr konzentrieren, da mein Opa ein sehr guter Spieler war.

„Im Himmel, Anne. Dort wird alles für uns gelenkt und vorbereitet, davon bin ich überzeugt."

„Du glaubst wirklich, unser Tod ist schon mit der Geburt vorbestimmt?" Opa nickte. So ganz wollte ich ihm nicht glauben.

„Es gibt heute so gute Medikamente, die den Tod herauszögern können. Wie kannst du mir jetzt noch die Funktion der Sanduhr erklären? Zum Glück können auch Krebspatienten inzwischen geheilt werden und selbst eine Krankheit wie Aids kann dank Medikamenten eingedämmt werden, sodass die Patienten weiterleben können." Ich holte kurz Luft, um im Anschluss gleich weiterzusprechen. „Siehst du, Opa, das Leben, ich meine die Länge des Lebens ist nicht wie von dir vermutet vorherzusagen."

Opa blieb gelassen, obgleich meine Stimme hoch geworden war. „Alles ist vorbestimmt Anne, daran glaube ich. Ebenso glaube ich daran, dass meine Seele weiterleben wird, hier auf der Erde, wenn mein Körper schon sein Ende gefunden hat."

„Was ist mit der verbesserten Medizin, die ich angesprochen habe?"

„Auch dieser Aspekt ist nicht vernachlässigt, glaube es
mir, Anne. Es gibt eine Vorbestimmung für jeden Menschen
und somit ist das Leben und ebenso der Zeitpunkt des Todes
für uns vorgesehen."

An diesem Nachmittag beendeten wir die Unterhaltung
über unsere unterschiedlichen Ansichten zu dem Thema
und vertieften uns stattdessen wieder in das Schachspiel.

In der folgenden Nacht kam die Unterhaltung mit Opa
noch einmal in meinen Kopf und ich fing an nachzudenken.

Ob ich auch an die Gestalt des Sensenmanns denke,
wenn ich gehen muss? Wenn meine letzte Stunde kommt?

Die Vorstellung, jeder Mensch hat für sich eine Sanduhr,
die unser Leben auf Erden zumindest zeitlich lenkt, klang
im Nachhinein doch logisch für mich. Mein Opa hatte
mich mit seiner Haltung überzeugt und meine Ansichten
geprägt.

Jahre später habe ich noch oft über Opas Worte nachgedacht. Im Anschluss habe ich viel gelesen und mich mit
dem vertraut gemacht, was Wissenschaftler sagen, was die
großen Religionen zu dem Thema aussagen.

Je mehr und je länger ich mich damit beschäftigt habe,
desto mehr kam ich auf das Ergebnis, mein Opa hat die
Wahrheit gesagt. Es gibt eine symbolische Sanduhr für
jeden von uns.

Leider ist das auch beängstigend, da wir die Geschwindigkeit, mit der unser Sand, unsere Lebenszeit abläuft, nicht beeinflussen können. Der Mensch fliegt auf den Mond, wir können inzwischen mit dem Raumschiff die Erde umrunden, Forschungen ermöglichen es uns, länger zu leben, dank guter Medizin. Viele Krankheiten haben ihren Schrecken verloren und sind heute heilbar. Nur eines haben wir bis heute nicht geschafft: Einfluss auf den Tod zu nehmen, auf das, was im Anschluss an unseren Tod folgt, die Zeit nach dem Ableben, hierzu haben wir noch nicht die Wahrheit gefunden.

Daher, so mein Gedanke, verbindet der Mensch mit dem Tod auch ein Gefühl der Angst. Das, was wir nicht kennenlernen können, was auch unsere Eltern und Großeltern nur aus Überlieferungen an uns weitergeben konnten, es ist nicht greifbar. Nur im Glauben allein liegt die Bestätigung, was uns nach dem Tod auf der Erde erwarten wird.

„Lebe dein Leben, Anne. Genieße es, versuche, so wenig Kompromisse wie möglich in deinem Verhalten zu machen. Es ist dein Leben und du solltest es gestalten und versuchen, einen Weg zu finden, der für dich richtig ist. Wenn dein letztes Stündchen schlägt, Anne, dann solltest du nicht bereuen, was dir entgangen ist. Lebe und genieße dein Leben und bleibe dabei immer ein Mensch, der mit offenen Augen durch die Welt geht."

Opa hat mir viele seiner Lebensweisheiten verraten und ans Herzen gelegt. Durch ihn habe ich gelernt, was Leben bedeutet. Ich gehe mit Rücksicht durch das Leben, mit Rücksicht auf meine Mitmenschen und doch achte ich auf meine Bedürfnisse, halte inne, wenn ich der Meinung bin, ein eingeschlagener Weg, er tut mir nicht mehr gut. Dann überdenke ich diesen Weg und falls notwendig, drehe ich um. Es ist keine Schande zuzugeben, ich war auf dem falschen Weg unterwegs, ich habe mich geirrt und mein Handeln war falsch. Ein Fehler ist es, sich nicht einzugestehen, Fehler zu machen. Nicht die Richtung zu wechseln, wenn der Boden unter den Füßen schwankt. Stärke bedeutet für mich, auch die Schwächen zu erkennen, die ich aufzeige, und die Fehler, die ich bisher in meinem Leben gemacht habe, zu sehen.

„Lebe im Jetzt und Hier, Anne. Das Gestern ist Teil der Vergangenheit und kann nicht mehr geändert werden. Die Zukunft ist ungewiss und daher nicht so zu terminieren, zu verplanen, wie wir es gerne tun würden. Jetzt findet dein Leben statt, Anne!", an die Worte von Opa kann ich mich noch immer gut erinnern. Wir waren an diesem Nachmittag gemeinsam mit seinem alten klapprigen Wagen unterwegs. Opa wollte mir die Umgebung zeigen, Türen zur Welt öffnen, wie er gerne betonte. „Nur wer reist, Anne, kann die Welt verstehen und kennenlernen. Es ist ein Fehler, immer im Dorf zu bleiben und auf das Ende zu warten. Wenn du eine junge Frau bist, gönne dir eine Auszeit und reise, lerne die Welt und ihre Menschen mit der Vielfalt, die sie zu bieten hat, kennen. Dadurch wirst du weise und bleibst offen neuen Kulturen und den Menschen gegenüber. Nicht alle Menschen werden sich so verhalten, wie es dir gefällt, Anne. Menschen dürfen unterschiedlicher Meinung sein, es ist in meinen Augen wichtig, diesen Leuten zu begegnen und ihnen zuzuhören. Nur wer mit offenen Augen und Ohren durch das Leben geht, ist bereit liberal in seinem Handeln zu sein und nicht zu verurteilen, was dir zunächst noch als fremd erscheint. Wir beide, Anne, wir sind uns sehr nahe und in unserem Verhalten, den Einschätzungen zu Menschen, denen wir begegnen, oft gleich. Trotzdem dürfen wir nicht mit Scheuklappen durch den Tag marschieren und nur denken, wir haben Recht. Bleibe offen in deinem Denken, Anne."

An diesem Tag war Opa mit mir nach Köln gefahren. Meiner Mutter war es nicht lieb, dass ich mit Opa so viel unterwegs war und immer wieder neue Städte kennenlernte. Mein Opa, so der Wunsch meiner Mutter, sollte nicht mehr so lange Auto fahren und auf keinen Fall, wenn ich mit ihm im Auto saß.

Wir beide hatten jedoch unseren Spaß an den Ausflügen und mein Opa, so schien es, genoss diese gemeinsame Zeit mit mir sehr. „Junge Menschen in der Nähe zu haben, ist ein Segen, Anne. Die gemeinsame Zeit mit dir, sie hält mich jung und ich lerne noch von dir, Dinge aus einer neuen Sichtweise zu sehen."

„Wenn du das sagst, Opa."

„Ja, Anne! Es ist wichtig, im Kopf jung zu bleiben und das geht nur, wenn man sich mit jungen Menschen umgibt."

Heute kann ich diese Worte verstehen, als junger Mensch jedoch habe ich sie als Kompliment aufgenommen, ohne den tieferen Sinn zu verstehen.

In meinen Erinnerungen habe ich auch immer wieder Szenen aus meiner Schulzeit vor Augen.

In der Schule, im Religionsunterricht habe ich mich gerne und oft gemeldet, meine Kommentare und Beiträge wurden jedoch regelmäßig als Unsinn abgetan.

„Anne, auf deine Antworten möchte ich gerne verzichten. Mir scheint, deine Ansichten sind noch sehr kindlich und es fehlt dir ein Umgang, der dich positiv prägen kann."

Es tat mir sehr weh, die Kommentare meiner Lehrer anzunehmen.

„Ärgere dich nicht, Anne. Nicht alle Menschen haben die Größe, eine Meinung zuzulassen, die von der eigenen Meinung abweicht. Je älter du wirst, desto öfter werden dir solche Menschen noch begegnen. Hoffentlich wirst du nie abhängig sein von solchen Leuten und ihrer Meinung. Dann musst du dich freischwimmen und Abstand suchen, einen neuen Weg einschlagen und Menschen in dein Umfeld lassen, die positiv sind. Alles Negative darfst du ausblenden und auf der Seite lassen."

„So einfach funktioniert das leider nicht, Opa", war meine Antwort auf seine Worte. „Ich muss in den Religionsunterricht gehen und es gibt aktuell für mich nur die Möglichkeit, den Mund zu halten oder ständig anzuecken und von dem Lehrer niedergemacht zu werden." Kurz hatte ich innegehalten. „Für mich ist es keine Option, die Meinung des Lehrers aufzunehmen oder ihm vorzumachen, ich sei seiner Meinung."

Auf meine Worte hin hat sich Opa an die Wand der Gartenlaube gelehnt und traurig geblickt. „Anne", kam es später aus seinem Mund. „Kinder sollten behütet aufwachsen, ohne von einem Erwachsenen niedergemacht zu werden, wenn sie die eigene Meinung vertreten, sollten sie dafür nicht ständig kritisiert werden. Mit deinem Lehrer werde ich sprechen."

„Ob das eine gute Idee ist, Opa?"

„Ihn mit seinem Verhalten einfach gewähren zu lassen, Anne, wäre in meinen Augen ein Fehler. Was das Gespräch an Ergebnissen bringen wird, warten wir es ab."

Schon wenige Tage nach meiner Unterhaltung mit Opa in der Gartenlaube hat er sein Vorhaben in die Tat umgesetzt.

Mein Religionslehrer war im Anschluss auf das Treffen mit meinem Opa nicht von heute auf morgen ein anderer Mensch geworden, jedoch hielt er sich mit verletzenden Kommentaren mir gegenüber zurück. Mit den Wochen fand ich auch den Mut zurück, mich wieder öfter im Unterricht zu melden und meine Meinung zu äußern.

„Menschen ohne Rückgrat gibt es schon zu viele", hatte mir Opa sein Handeln erklärt, wieso es ihm so wichtig war, mit dem Lehrer zu sprechen. „Nur ein freier und starker Mensch kann sich auch gut entwickeln. Dazu gehört auch eine pädagogische, wertvolle und achtsame Erziehung in der Schule. Ein Lehrer, besonders ein Religionslehrer sollte das wissen und sich entsprechend verhalten."

Ein paar Tage später

„Opa? Warum liest du immer die Todesanzeigen als erstes in der Tageszeitung?" Diese Frage brannte mir an einem Morgen auf der Seele, als ich Ferien hatte und mit meinem Opa zusammen am Frühstückstisch saß.

„Der Verlust eines lieben Menschen sowie auch die eigene Furcht vor dem Ableben, dem Ungewissen ist groß", blickte mich Opa über den Rand der Tageszeitung an. „Für jeden Tag, an dem ich keine Anzeige finde, wo ein Bekannter von mir die Erde verlassen hat, bin ich dankbar."

„Du kannst doch auch die Todesanzeigen zum Schluss lesen, es ändert sich doch nichts an der Tatsache, die sich dir im Anschluss eröffnet."

Opa nickte milde. „Ja, ich muss dir Recht geben, Anne. Nenne es eine liebevolle Macke von mir. Doch für mich ist es wichtig zu wissen, wie geht es den Menschen, die ich kenne oder denen ich einmal begegnet bin. Hier im Dorf ist es die Kirchenglocke, die uns verkündet, einer aus der Dorfgemeinschaft ist verstorben. Im Anschluss spricht sich sehr rasch herum, wer von uns gegangen ist. Das gilt aber nicht für die umliegenden Dörfer, wo ich auch Freunde habe und Menschen kenne, denen ich gerne begegnet bin."

Heute ist es so leicht an Nachrichten aus der ganzen Welt zu kommen. Wir haben alle unsere Handys, News verbreiten sich innerhalb kürzester Zeit. Obwohl ich viele Informationen inzwischen auch über das Internet erhalte, ist das Lesen einer Tageszeitung für mich Bestandteil eines jeden Tages. Sicherlich hat das Verhalten meines

Opas sich auf mich ausgewirkt. Ein Morgen ohne meine Tageszeitung ist wie eine Portion Eis ohne Sahne, es fehlt das Beste.

Positive Menschen an der Seite sind wie ein Geschenk

Menschen, die zum Ende ihres Lebens gefragt wurden, was sie ändern würden, wenn es die Chance gebe, noch einmal das Leben zu leben, sagten: mehr genießen. Den schönen Momenten im Leben mehr Raum lassen und sich zu überlegen, mit welchen Menschen man sich umgibt. Aussortieren, wer nicht guttut, wer mein Leben belastet, anstatt mich zu unterstützen. Jeder Mensch sollte sich nur mit Menschen umgeben, die seine Wünsche und Belange mittragen.

„Positive Menschen können auch uns positiv beeinflussen. Pessimisten tun uns nicht gut, im Gegenteil, sie beeinflussen uns negativ." Auch eine Weisheit meines Opas. In diesem Punkt kann ich ihm nur Recht geben. Auch ich habe zu sortieren gelernt und habe mir auf diese Weise mein Leben lebenswerter gemacht.

Ich habe gelernt, Menschen aus dem Weg zu gehen, die mir nicht guttun. Für mich ist deren Existenz nicht mehr relevant. Ich denke an mich, an meine Bedürfnisse, meine Gefühle und finde in der Liebe zu mir auch das Glück und spüre, meine Mitmenschen öffnen sich mir, zeigen mir ihre Liebe durch mein Verhalten.

„Nur wer sich selbst liebt, kann auch von anderen Menschen Liebe empfangen", sagte mir Opa sehr oft.

Positive Menschen im eigenen Umfeld sind ein Glück und können uns ebenso positiv prägen und beeinflussen. Es ist erwiesen, wer sich mit Menschen im Umfeld umgibt, die eine positive Ausstrahlung haben, ist leistungsfähiger und glücklicher. Freude und Sichtweisen können sich auf uns übertragen und uns beeinflussen.

Wer sich nur mit nörgelnden Menschen umgibt, verliert eines Tages seinen Optimismus und wird in den Sumpf der negativen Gedanken gezogen. Seinen Mitmenschen mit einem Lächeln zu begegnen, ist nicht schwierig und kostet uns kein Geld und keine Mühen. Als Belohnung erhalten wir im Allgemeinen ein Lächeln zurück, was uns wiederum positiv stimmt.

„In der Natur, Anne, hier im Wald, bei den Bäumen, da findest du die Ruhe, um dich vom Alltag zu erholen", habe ich oft aus Opas Mund gehört. Ihm war die Zeit in der Natur sehr wichtig.
„Der richtige Mix aus Abenteuer und dem Eintauchen in die Natur sind für mich wichtig, Anne. So bleibe ich geistig fit und körperlich gesund."

Dank meines Opas ist mir ein Großteil meiner Sorgen im Leben genommen. Schon in meinen Kindertagen hat Opa versucht, von seinen Fehlern im Leben zu berichten, mich davor zu bewahren, die gleichen Fehler zu begehen. Das Wichtigste jedoch für mich war zu lernen, dass ich ein

Recht darauf habe, die Menschen in meinem Umfeld selbst auszuwählen und zu sortieren. Wer mir nicht guttut, hat meine Nähe nicht verdient. Oft dachte ich, wenn ich besonders lieb sei, mich gut anpasse, dann werde ich beachtet und von den Mitmenschen geschätzt und gut behandelt. Sicherlich steckt viel Wahrheit hinter meinen Gedanken und doch habe ich gelernt, nicht alle Mitmenschen sind gleich. Es gibt ein Märchen, in dem es heißt: Die Guten ins Töpfchen, die Schlechten ins ....", dahinter steckt eine Botschaft, die ich für richtig halte.

Neben meinen neugewonnenen Ansichten im Umgang mit Menschen in meinem Umfeld hat mein Opa mir auch die Angst vor dem Tod genommen.

Mein Opa hat mir immer wieder von seinen positiven Erlebnissen und von seinen Begegnungen mit verstorbenen Menschen berichtet, die er regelmäßig auch in seinen Träumen fand.

„Weißt du, Anne, wenn du denkst, einen liebgewonnenen Menschen durch den Tod zu verlieren, dann ist dies nicht ganz die Wahrheit. Richtige Liebe und eine gute Freundschaft, sie endet nicht mit dem Tod."

So ganz hatte ich die Worte von Opa zunächst nicht verstanden, was ich ihm auch gesagt habe.

„Anne, ich will dir sagen, dass Menschen, die wir lieben, immer in unserer Nähe bleiben, auch nach dem Tod. Ich zum Beispiel treffe regelmäßig meinen lieben Freund und langjährigen Weggefährten in meinen Träumen wieder. Wir tauschen uns aus, erzählen über Themen, die uns beschäftigen. Darüber hinaus ist es mir vergönnt, beim Umarmen meiner Eiche mit den Verstorbenen in den Kontakt zu kommen. Diese Fähigkeit, liebe Anne, ich musste erst zulassen und lernen, dass ich anders bin und anders sein darf als meine Mitmenschen. Es gab schon immer Menschen, die eine außergewöhnliche Fähigkeit besitzen und denen es vergönnt ist, das aufzunehmen, was wir nicht sehen können."

„Ich kenne solch eine Figur nur aus dem Comic. Da gibt es einen Druiden, der kann einen Zaubertrank herstellen, der Superkräfte verspricht." Opa nickte sanft. „Mir sind diese Hefte bekannt", im Anschluss zog er an seiner Zigarre. „Zu allen Zeiten gab es Menschen, die übersinnliche Kräfte hatten. Viele dieser Menschen haben Probleme bekommen, wurden verstoßen oder als Spinner bezeichnet." Opa machte eine kurze Pause und ich beobachtete seine Gesichtszüge, die mir verrieten, er dachte nach.

„Jede besondere Fähigkeit muss angenommen und zugelassen werden, Anne. Wissenschaftler wurden für ihre Theorien ausgelacht und niedergeschrieben, da die Menschen zu diesem Zeitpunkt nicht in der Lage waren, zu verstehen, was hinter der Botschaft steckte. Oft wurde Jahre später, nach dem Tod der Wissenschaftler erst entdeckt und verstanden, sie hatten mit ihren Worten recht. Mir ist bewusst, Anne, ich bin auch eine Ausnahme und daher haben auch in unserem Dorf einige Menschen Angst vor mir."

„Ich finde es schön, Opa, dass du so bist, wie du bist."

Meine Antwort war ein sanftes Lächeln, das von Herzen kam. „Anne, immer wenn du in der Natur bist, blicke einmal in den Himmel. Jeden Tag zeigt sich uns der Himmel mit einem anderen Farbbild. Mal ist er grau und wir entdecken Wolken, oder es regnet, ein anderes Mal jedoch sehen wir ein herrlich sattes Blau. Veränderungen sind wichtig und für jeden Menschen, der sich weiterentwickeln möchte, unabdingbar."

„Opa? Wenn du einen Baum umarmst und mit den Verstorbenen im Kontakt stehst, was empfindest du in diesem Moment?"

„Zufriedenheit, Ruhe und ich spüre eine Energie, die meinen Körper einnimmt und mir Wärme schenkt."

„Bis heute habe ich noch keine Stimme gehört, wenn ich einen Baum umarmt habe, und noch von keinem Menschen geträumt, der inzwischen verstorben ist", war meine Antwort.

„Zum Glück habe ich auch noch keinen lieben Menschen verabschieden müssen", fügte ich nach. Damit war das Thema zunächst für mich abgeschlossen. Meine Konzentration galt erneut dem Schachspiel. Ich nahm die Dame in die Hände und sah an Opas Gesicht, auch er war wieder voll und ganz beim Schachspiel angekommen. „Heute möchte ich die Partie gewinnen", lachte ich Opa ins Gesicht.

„Schauen wir mal, Anne", war seine Antwort. Im Anschluss grinste er mich an.

„Weißt du, Anne, ich spüre und empfinde oft anders, als viele meiner Mitmenschen es tun", sprach Opa, nachdem er die Partie in der Tat gewonnen hatte. „Meine intensiven Träume, nur als Beispiel, meine Fähigkeiten, Dinge vorauszuahnen, nur als kleines Beispiel für dich, sind für Außenstehende befremdlich. Sie haben Angst davor, dass ich Stimmen hören und mich mit Verstorbenen unterhalten kann. Auch meine Vorahnungen auf Situationen, die in der nahen Zukunft erst eintreffen, sie wirken beängstigend auf meine

Mitmenschen. Wäre ich eine Frau, Anne, die Menschen würden mich hinter meinem Rücken eine Hexe nennen."

„Werde ich diese Fähigkeiten auch bald spüren?"
Opa sah mich eine Weile an, dann nickte er. „Davon bin ich überzeugt, Anne."
„Liegt es uns in den Genen, diese Fähigkeiten zu besitzen?"
Opa sah mich nachdenklich an. „Darüber habe ich schon nachgedacht, Anne. Mir scheint, die Antwort lautet: ja! Jedoch sind nicht alle Mitglieder unserer Familie dazu befähigt. Anders zu sein ist immer mit einem Aufwand verbunden, Anne. Du musst lernen, sehr stark zu sein und auch einmal zu schweigen den Mitmenschen gegenüber."
„Beim Umarmen eines Baumes, Opa, hörst du da jedes Mal Stimmen?" Diese Frage brannte in mir. Was ich nur für ein Glück mit meinem Opa hatte. Er nahm sich immer die Zeit, meine Fragen zu beantworten, und gab mir Einblicke in seine Empfindungen, ohne diese zu verschönern.
„Beim Umarmen eines Baumes höre ich nicht unwillkürlich auch Stimmen oder komme in den Kontakt mit Verstorbenen. Doch jedes Mal durchströmt mich Wärme in diesem Augenblick, mein Körper wird warm und ich spüre für den Moment keine Schmerzen. Im Gegenteil, ich bin im Anschluss gestärkt und fühle mich immer um Jahre verjüngt."

Ich versuchte mir vorstellen, was Opa mir gesagt hatte. „Hoffentlich kann ich diese Momente auch einmal erleben und darf die gleichen Gefühle wie du spüren." Mein Opa ist einzigartig. Diese Gedanken waren sehr oft in meinem Kopf und auch heute empfinde ich diese Worte für richtig, wenn ich an meinen Opa zurückdenke.

Selbst an seinen tiefen Empfindungen beim Umarmen eines Baumes hat er mich teilnehmen gelassen.

„Nicht viele Menschen können meinen Worten Glauben schenken, Anne. Es ist schwer zu verstehen, was man nicht mit den eigenen Augen sieht oder am eigenen Körper erleben konnte. Menschen suchen immer nach einer Erklärung, dem Beweis für ein Erlebnis. Für meinen Bericht, zum Beispiel, Anne, da gibt es keine Beweise, die ich vorführen kann und daher finde ich kein Anklang, wenn ich davon berichte. Das ist auch der Grund, warum ich bereits vor Jahren aufgehört habe, über meine Träume zu sprechen, Anne. Die Leute hier im Dorf haben mich komisch angesehen und fingen an, über mich zu reden. Genau gespürt habe ich ihr Tuscheln, sobald ich an ihnen vorüber gegangen bin. Einer, der mit den Toden spricht, Bäume umarmt, der muss ein Spinner sein. Das ich jedoch die Fähigkeit besitze mehr zu spüren, mehr zu empfinden, es ist den Menschen fremd."

„Mit meiner Mama konntest du auch nicht reden? Oder mit meiner Oma?"

Opa schüttelte den Kopf. „Nein, leider haben auch deine Mama und deine Oma mir nicht geglaubt. Obgleich deine Oma schon so viele Jahre an meiner Seite lebt. Für sie gibt es immer nur Schwarz oder Weiß, dazwischen kann es in ihren Augen nichts geben." Opa holte tief Luft und blickte kurz in den Himmel. „Deine Oma hat von mir verlangt, über meine Träume zu schweigen. Es gab eine Zeit, da habe ich ihr davon berichtet und ich wollte sie mit in die Natur nehmen, ermuntern einen Baum zu umarmen." An dieser Stelle unterbrach Opa seine Worte.

„Daher kommen auch Omas sehr radikale Ansichten zu den Menschen, die anders leben, als sie es für richtig hält?"

Opa nickte. „Wer nicht über den Tellerrand hinaus blickt, der kann sich nicht weiterentwickeln. Es ist sehr traurig zu sehen, mir ist es in all den vielen Jahren, die ich mit deiner Oma zusammenlebe, nicht gelungen, ihre Ansichten zum Leben zu ändern, ihren Blickwinkel zu öffnen."

„Diese Fähigkeiten, Opa, wann hast du dieses Phänomen zum ersten Mal gespürt?"

Ich trank an diesem Tag einen warmen Kakao und hielt die Tasse in meinen Händen, als Opa weitersprach.

„Irgendwann bei einem meiner vielen Ausflüge in die Natur, habe ich die Entdeckung gemacht, beim Umarmen eines Baumes, Freude zu empfinden. Zu diesem Zeitpunkt war ich ein junger Mann, Anfang zwanzig."

Opa machte erneut eine Pause, die sich in die Länge zog. Unterdessen trank ich meinen Kakao und dachte über das nach, was ich inzwischen von Opa erfahren hatte. Für mich war mein Opa nicht verrückt oder anders, nein, ganz im Gegenteil. Noch heute kann ich sagen, er war einer der vernünftigsten Menschen auf der Erde, die mir bis heute begegnet sind.

Viele Menschen sind verklemmt, können keine Freude zeigen, sie haben das Kind in sich verloren. Nicht so mein Opa. Bis zu seinem letzten Atemzug hat er sich das Kind im Manne behalten. Bei unseren Ausflügen haben wir so viel gelacht, verrückte Dinge zu tun war uns nicht fremd. Mit

Opa konnte ich auf einem Bein über die Straße hüpfen und oft hat er noch gegen mich gewonnen und länger durchgehalten als ich. Die Leute im Dorf haben uns beäugt, was mir wiederum nichts ausmachte. Ich war doch sehr stolz auf meinen Opa, gerade weil er so anders war und ich mit ihm über jedes Thema reden konnte und kein Tag mit ihm langweilig war. Auch zum Seilspringen war mein Opa bereit. Nicht viele Männer in seinem Alter hätten mit ihm mithalten können, wie ich heute oft denke.

„Meine Fähigkeit, Anne, beim Umarmen eines Baumes Stimmen zu hören …", Opa machte wieder eine kurze Pause bei seiner Ausführung. Ich war neugierig geworden und sah ihm in seine Augen, die einmal mehr voller Tatendrang und Energie blitzen.

„So, so, Opa. Jetzt bin ich aber neugierig auf deinen Bericht", hatte ich ihn zum Weitersprechen motiviert.

„Nicht neu ist für dich, ich liebe die Natur, Anne. Dass ich Bäume umarme, mein Gesicht an deren Rinde lehne, ist dir ebenso vertraut." Erneut machte mein Opa eine Pause und ich dachte schon, für heute erfahre ich nichts mehr von ihm. Es kam oft vor, dass er mit einem Thema anfing und erst Tage später an dem Punkt anknüpfte, wo er aufgehört hatte zu berichten. Jeder Mensch soll für sich entscheiden, so meine Gedanken, wann er etwas von seinen Gefühlen mitteilen möchte und insbesondere wem.

Dieses Mal musste ich mich nicht lange gedulden und mein Opa sprach schon Minuten später weiter.

„Wir haben schon darüber gesprochen, Anne. Deine Oma und deine Mama verstehen mein Handeln nicht immer und wenn Sie zu viel von meinem Inneren erfahren, was ich denke und fühle, befürchte ich, du darfst nicht mehr in meiner Nähe sein.

Sie könnten mich für alt und senil halten, davor fürchte ich mich."

Es entstand eine kleine Pause, die ich meinem Opa gönnte, um sich zu sammeln. Mir war nicht entgangen, er war emotional sehr aufgebracht. Was das Verhalten meiner Mutter und auch meiner Oma anbetraf, so konnte ich meinen Opa sehr gut verstehen. Beide haben keine Fantasie und können nur glauben, was sie sehen.

In der Schule, im Religionsunterricht ist auch oft die Rede vom Glauben und von Wunder. „So, wie es in der Bibel aufgeführt ist, so hat mein Opa auch schon Wunder erlebt", habe ich mich eines Tages im Unterricht gemeldet. Mein Lehrer war nicht begeistert und ohne auf meine Worte einzugehen, bat er ein anderes Kind, zu dem Thema zu sprechen, das sich ebenfalls gemeldet hatte. Für den Moment war ich sehr traurig, daran kann ich mich noch immer erinnern. Immerhin verzichtete der Lehrer seit Opas Besuch darauf, mich mit bösen Kommentaren zu verletzen, was schon ein Gewinn war.

Das Thema Wunder war mein Steckenpferd und daher waren mir die Ansichten meines Opas nicht fremd. Nur, die Neuigkeiten von Opa, er höre Stimmen, wenn er einen Baum umarmt, waren wirklich neu für mich. Ich darf zugeben, es war eine Sensation, die mich emotional berührte.

Über diese Worte von meinem Opa dachte ich sehr lange nach. An jenem Abend, ich lag schon in meinem Bett, waren die Worte von Opa noch immer in meinem Kopf und ich kam zu dem Entschluss, mein Opa hatte Recht. Sicherlich gibt es nicht viele Menschen auf der Erde, die ihm glauben würden oder seine Meinung teilen können. Ich für meinen Teil habe meinem Opa geglaubt und fand die Vorstellung, dieses schöne Erlebnis eines Tages auch zu erfahren, erstrebenswert. An diesem Abend fasste ich den Entschluss, mehr von Opas Fähigkeiten zu erfahren und alles von ihm zu lernen, was mich eines Tages dazu befähigen kann, ebenso zu empfinden wie mein Opa.

Für mich waren immer die Worte des Pfarrers wie ein Gebot. So bin ich aufgewachsen und so war mein Glaube. Aber die Erkenntnis und all die Offenbarungen, auch Pfarrer haben gesündigt, sich nicht an die eigenen Gebote gehalten und nicht so gelebt, wie sie es von uns erwartet haben, waren ernüchternd für mich.

Diese Tatsache, alle Berichte in den Medien über das Fehlverhalten der Pfarrer, hat meine Einstellung verändert. Ich fühle mich seitdem noch mehr in meiner Haltung bestätigt, einem Menschen wie meinem Opa zu glauben, einem Menschen, der sein Leben lang ein herzlicher und liebenswerter Mann war. Der niemanden absichtlich verletzt hat und es mir auch offen lässt, ob ich seine Worte aufnehme und verstehen möchte, oder ihn, wie Oma und Mama, für verrückt halte.

Immer wieder hat Opa betont, wie wichtig es sei, sein Leben so zu leben, dass wir am Ende im Sterbebett nicht denken, ich habe etwas verpasst. Wie traurig muss es doch sein, am Ende aller Tage zu denken, ich habe meine Zeit auf Erden nicht richtig genutzt.

„Denke auch daran, Anne, du wirst älter. Jetzt bist du jung und glaubst, die ganze Welt steht dir offen, was vom Grunde auch richtig ist", an dieser Stelle machte Opa eine Pause, steckte sich eine Zigarre an und ich beobachtete sein Handeln. „Eines Tages aber wirst du alt sein, Anne. Dir wird die Kraft fehlen, Dinge zu tun, die dir einmal wichtig erschienen. Daher verpasse nie den richtigen Moment für Verrücktheiten. Im Alter hast du zwar mehr Freizeit als in der Jugend, jedoch fehlt oft die nötige Kraft, Dinge nachzuholen, die uns einmal wichtig erschienen."

Sicherlich gibt es mehr Menschen, die in der letzten Stunde daran denken, was sie verpasst haben, als die Menschen, die dankbar und in der Gewissheit sind, ein gutes Leben geführt zu haben, bevor sie die Augen für immer schließen. Ich versuche mir immer wieder, jeden Tag aufs Neue, diese Worte zu sagen und mich daran zu halten. Leben, aufsaugen, was uns an Wissen und Erlebnissen zur Verfügung steht, ist für mich eine Selbstverständlichkeit.

Aufrecht und doch mit der nötigen Portion Gelassenheit und einem Funken Verrücktheit, hat Opa oft betont, solle ich durch mein Leben gehen.

„Wenn deine Sanduhr abgelaufen ist, Anne, kannst du nichts mehr erleben, dann ist dein Leben erloschen."

Meine Frage an diesem Nachmittag, wieder einmal waren wir in dem alten Wagen von Opa unterwegs, war, ob er glaube sein Leben gelebt zu haben. Er sagte mir: „Soweit ja, Anne. Es gibt noch einige Dinge, die ich verpasst habe zu tun, als ich noch jünger war und mehr Energie im Körper spürte. Dafür ist es jetzt leider zu spät. Deshalb motiviere ich auch dich, Anne, es besser zu machen. Daher betone ich auch so oft, dass du dein Leben ganz bewusst angehen sollst, du dich auch traust, einmal etwas Verrücktes auszuprobieren. Im Alter leben die Menschen mit den Erinnerungen an die Vergangenheit. Ältere Leute erleben wenig, sitzen oft Stunden nur zu Hause in einem Sessel und warten vom Frühstück bis zum Mittagessen und im Anschluss auf das Abendessen. So vergeht Tag um Tag bis zur letzten Stunde."

„Das klingt traurig", habe ich meinem Opa geantwortet. Opa fuhr rechts an den Straßenrand. „Deshalb bin ich auch täglich unterwegs. Am liebsten in der Natur, Anne. Zu Hause in meinem Bett werde ich eines Tages meine Augen schließen und bis zu diesem Moment will ich noch das Leben spüren", Opa unterbrach seine Worte. „Möchtest du eine Limo trinken, Anne?"

Mein Opa verstand es, mich abzulenken, wenn ein Thema zu traurig wurde und er mir ansah, ich sorge mich zu viel. Das Thema rund um den Tod ängstig die Menschen.

Ich kann sagen, ich bin auf ganz natürliche Weise mit dem Thema Ableben und Wiedergeburt aufgewachsen.

Als Opa den ersten Baum im Wald umarmte und mit ihm anfing, in meiner Gegenwart zu lächeln, da war ich noch so klein, ich wunderte mich nicht lange über sein Verhalten.

Verwundert war ich zu Anfang, als ich sah und hörte, Opa sprach auch mit den Bäumen. Zunächst dachte ich mir, es sei ein neues Spiel, das Opa mir bald erklären würde.

Auch jetzt noch kann ich mich an den Gesichtsausdruck meines Opas erinnern, während er mit dem Baum sprach, seine Wange an die Rinde drückte und lächelte. Ich mag

Menschen, die fröhlich sind, die lächeln, und nicht mit einem tadelnden Finger durch die Gegend laufen. Noch heute suche ich die Nähe von fröhlichen Menschen in meiner Nähe. Positiv zu denken kann man auch lernen. Wie mein Opa gerne sagte, auch die kleinen Momente können uns großes Glück schenken. Es kommt auf unsere Sichtweise an.

Mit jedem Ausflug in die Natur wiederholte sich das Ritual von meinem Opa, einen Baum zu umarmen und irgendwann tat ich es ihm gleich. Zunächst spielerisch bin ich um die großen Bäume gehüpft, habe versucht, meine kleinen Ärmchen um die mächtigen Stämme zu legen, was mir Freude bereitet hat. Stimmen habe ich zu diesem Zeitpunkt noch keine gehört. Lediglich das Gefühl der Geborgenheit stellte sich bei mir ein, was ich aber für selbstverständlich hielt. Mir war der Wald vertraut, dank Opa und unseren Ausflügen in die Natur. Hier fühlte ich mich als Kind schon sehr wohl und heute ebenso.

Das Eintauchen in die Natur, es ist zu einem festen Ritual in meinem Leben geworden. Opa hat es mir vorgelebt und daher, so meine Überlegungen und Gedanken an die Kindertage, mag ich es auch so gerne, die Bäume zu umarmen.

Was mit einem Spiel für mich anfing, ist zu einem wichtigen Bestandteil meines Lebens geworden. Das Eintauchen in die Natur, das Umarmen der Bäume, beides gehört zu meinem Leben dazu. Nicht vorstellen kann ich mir, in einer großen Stadt zu leben, ohne einen Garten oder ohne die Nähe zum Wald.

Diese Ruhe, diese Geborgenheit habe ich bisher sonst noch an keinem Ort gefunden. Hier finde ich meine Momente der Achtsamkeit und Ruhe.

Heute habe ich kaum noch eine Erkältung. Die täglichen Ausflüge in die Natur, mein bewusstes Einatmen der frischen Luft im Wald, es hilft mir, gesund zu bleiben.

Inzwischen nehme ich mir gerne ein Buch mit und lehne mich an meine Eiche an, tauche ein in meine Lektüre und spüre, ich bin in meiner Welt angekommen.

Die Hektik des Alltags, die Sorgen und negativen Nachrichten, die täglich auf uns einfließen, ich kann sie hier vergessen und besser verarbeiten. Oft schon ist eine Ameise über meine Füße gelaufen, während ich unter meiner Eiche saß und zur Ruhe fand. Inzwischen lächele ich in diesen Momenten und meine Gedanken wandern ab und zu zurück bis in meine Kindheit. Mir fallen die Ausflüge mit meinem Opa wieder ein und ich kann ihn förmlich hören, wie er zu mir spricht.

„Jedes Lebewesen soll beschützt werden, Anne. Wir alle haben unsere Zeit hier auf der Erde und sollten versuchen, gemeinsam ein gutes Leben zu führen."

Opa hat oft von unserem Karma gesprochen und dass einige Menschen in der Gestalt einer Ameise wiedergeboren werden. „Diese Menschen haben zu Lebzeiten Fehler gemacht und müssen jetzt zeigen, sie haben sich verändert."

Zu diesem Zeitpunkt waren mir die Worte von meinem Opa noch fremd und ich erinnere mich sehr gut daran, wie aufmerksam ich im Anschluss die Ameisen beobachtet hatte, die mir auf dem Weg begegnet sind. Auf dem Rückweg zurück in unser Dorf habe ich mir versucht vorzustellen, wer aus meinem Umfeld später als Ameise wiedergeboren wird. Zu meinem eigenen Erschrecken waren neben meinen Lehrern auch meine Mutter und meine Oma in meinem Kopf.

Der Sensenmann hat schon angeklopft

Die letzten Wochen vor Opas Tod habe ich schon gemerkt, ihm schwindet die Kraft. Selbst beim Schachspiel konnte er sich nicht mehr konzentrieren und ich gewann jede Partie, was sonst nur eine Ausnahme war.

„Er kommt bald, der Sensenmann", sah mich Opa eines Mittags müde an. Dann jedoch klärte sich sein Gesicht und mit einem Funkeln in den Augen fragte er mich: „Gehen wir noch einmal in den Wald?"

In diesen Minuten strahlten seine Augen vor Freude und positiver Erwartung. Natürlich gab ich seinem Wunsch nach und packte sogleich das Schachspiel zusammen und stellte es weg. „Morgen bekommst du eine Gelegenheit, zu gewinnen", strahlte ich Opa dabei an.

„Wir sollten losgehen, Anne. Die Zeit läuft so schnell."

Der Wald war Opas Lieblingsplatz, seine Oase für den Körper und die Seele.

„Du wirst immer besser im Schach, Anne", lobte Opa mich auf dem Weg in den Wald. Diese Worte hallten in meinen Ohren. Ich dachte in diesen Minuten, es liegt an der Veränderung von Opa, nicht an meinem Können. Er war es, der in der Lage war, jeden Schachzug vorauszudenken, ich habe alles von ihm gelernt, war zu diesem Zeitpunkt noch meilenweit davon entfernt, ein ernsthafter Gegner für Opa zu sein. „Du musst noch viele Partien Schach mit mir spielen, Opa, bis ich nur annähernd so gut bin, wie du es schon heute bist."

„Gut, dann werden wir morgen eine weitere Partie Schach spielen. Jetzt sollten wir uns aber beeilen!" Opa eilte mir voraus in den Wald und ich konnte kaum seinen Schritten folgen. „So viel Energie, Opa, wie du noch hast, da muss der Sensenmann noch lange auf dich warten."

„Ja, Anne, das ist eine schöne Idee."

„Wir könnten doch eine Wette vorbereiten für den Sensenmann. Wenn er eines Tages an deinem Bett steht, deine Seele abholen kommt, dann muss er erst die Wette gewinnen, ansonsten bleibst du für immer bei mir." Mein anschließendes Lachen wurde von Opa untermalt. „Heute hat meine Enkelin richtig viel Fantasie." Erneut erklang sein Lachen. Etwas später, wir hatten fast den Wald erreicht, fragte mich Opa: „Anne, an welche Art von Wette hast du gedacht für den Sensenmann?" Opa hustete und wir hielten kurz inne, um ihm eine Verschnaufpause zu gönnen. Ich angelte meine Trinkflasche aus meinem Rucksack und blickte beim Trinken in den Himmel, der an diesem Nachmittag bewölkt war. „Schach, Opa." Ich war von meiner Idee überzeugt und vor Aufregung fiel mir meine Trinkflasche aus den Händen. „Der Sensenmann muss gegen dich eine Partie Schach gewinnen, sonst darf er deine Seele nicht mitnehmen."

Opa blickte ebenfalls für Minuten in den Himmel, er schwieg dabei, was mich unruhig werden ließ. „Findest du meine Idee nicht gut, Opa?"

„Du solltest für mich spielen und natürlich auch gewinnen."

„So gut wie du, Opa, bin ich noch lange nicht."

„Dann müssen wir in den nächsten Tagen noch oft das Schachspiel auspacken und dich trainieren."

An diesem Nachmittag legte Opa erneut seine Arme um seinen Lieblingsbaum und er konnte sich auch nach mehr als einer Stunde nicht von dem Baum lösen, was mich doch etwas überraschte. „Möchtest du heute nicht mit mir durch den Wald gehen? Ich habe vorhin schon einen Vogel gehört, den ich nicht zuordnen kann, Opa. Für dich ist das sicherlich kein Problem und du kannst mir rasch sagen, um welchen Vogel es sich handelt."

„Mir geht es gerade so gut, Anne. Ich fühle mich auf eine wunderbare Weise befreit und glücklich. Hier zu stehen, die Kraft des alten Baumes zu spüren, die Seelenverbundenheit ebenso, ich kann mir gerade nichts Schöneres vorstellen."

Normalerweise hatte Opa immer auf meine Wünsche reagiert und war schneller an meiner Seite, als ich oft reagieren konnte. Mir die Natur, die Pflanzen und Bäume oder die Tiere zu erklären, war Opas Steckenpferd. Umso verwunderter war ich, zu sehen, Opa reagierte nicht auf meine Worte. Eine Weile beobachtete ich ihn und da ich nichts Außergewöhnliches entdecken konnte, nichts, das ich nicht schon oft beobachtet hatte, stellte ich mich Opa gegenüber an den Baum und legte meine kleinen Armen und den dicken Baumstamm. Mit Mühe erreichte ich die Fingerspitzen von Opa und ich fand den Moment, als wir uns berührten, wunderschön.

„Ich bin sehr glücklich, Opa", waren meine Worte auf die Berührung seiner Fingerspitzen.

„Mit dir ist jeder Tag wunderschön und Momente wie dieser, Anne, ganz besonders."

An jenem Nachmittag habe ich spielerisch den Baum umarmt, ohne auf eine Reaktion zu hoffen oder sie zu spüren. Der richtige Zeitpunkt war für mich noch nicht gekommen, wie ich erst heute weiß. Während Opa noch eine Weile so an seinem Baum stand, die Rinde umarmte, vor sich hin strahlte, war ich rasch wieder auf der Suche nach einem neuen Abenteuer und löste meine Umarmung auf, sprang erneut in der Umgebung herum. „Hier sind frische Pilze", kniete ich mich begeistert auf den Boden. Erst in diesem Moment löste auch Opa seine Umarmung und kam an meine Seite.

„Anne, nicht jeder Pilz ist für uns Menschen genießbar." Auf seine Worte hatte ich schon gewartet und nickte eifrig. „Du hast mir doch schon jede Menge über Pilze erklärt, ich bin ja nicht dumm. Ich kann inzwischen schon einen giftigen Pilz erkennen."

„Trotzdem, lieber einmal mehr aufgepasst, als mit einer Vergiftung ins Krankenhaus zu kommen oder …", er brach seine Worte ab.

„Spielen wir vor dem Abendessen noch eine Partie Schach?"

Opa nickte auf meine Frage und nahm mich an der Hand. „Wir sollten nach Hause gehen, Anne. Es war ein wunderschöner Nachmittag heute hier im Wald."

„Hast du wieder mit dem Baum gesprochen?"

„Ja, Anne."

„Worüber habt ihr gesprochen, Opa, du und der Baum?"

„Ach, Anne. Meine Nähe zu dem Baum, die Empfindungen, die ich spüre beim Umarmen, davon habe ich dir doch schon so viel erzählt. Ich habe keine Geheimnisse vor dir. Meine Leidenschaft, die Natur aufzusuchen, die Nähe von Bäumen, nichts dürfte dir fremd sein."

„Trotzdem, Opa, mich interessiert, was hast du heute gesprochen und was hast du erfahren?"

„Meine kleine Anne." Opa ging mit mir Hand in Hand in Richtung unseres Dorfes.

Eine Antwort auf meine Frage bekam ich leider nicht an diesem Tag.

Auf dem Nachhauseweg war Opa zunächst sehr schweigsam, was mich auch wunderte.

„Heute bist du sonderbar, Opa."

An meine Worte kann ich mich noch gut erinnern, da mein Opa so komisch auf meine Worte reagiert hatte.

„Meine Zeit läuft ab, Anne. Die Sanduhr, du verstehst mich?"

„Wir müssen erst noch Schach spielen, du weißt doch, Opa, ich muss noch sehr viel üben, bevor der Sensenmann gegen mich spielt."

Kurz streichelte Opa über mein Haar. Ich reckte meinen Kopf und wir sahen uns in die Augen. Für mich sah mein Opa aus wie immer und daher nahm ich seine Worte zwar auf, jedoch ohne mich zu sorgen. Ich werde Opa überreden, morgen mit mir wieder einmal in eine Stadt zu fahren, zum Eis Essen, so meine Gedanken in diesen Minuten. Etwas Ablenkung kann meinem Opa guttun.

„Anne?", Opa brach seine Worte ab. Ich kannte sein Verhalten und wartete geduldig, bis er weitersprach. „Der heutige Tag war sehr schön für mich. Meine Sanduhr läuft und läuft und das letzte Körnchen wird bald seinen Auftritt finden, und mein Ende anzeigen."

„Dann drehen wir deine Sanduhr wieder um und der Sand läuft von Neuem durch. So einfach ist das, Opa. Du hast dann noch einmal die gleiche Zeit hier auf Erden, ist das nicht eine schöne Idee?"

„Natürlich, Anne!" Opa lachte, es wirkte jedoch komisch auf mich. Auch an seine Antwort kann ich mich noch erinnern.

Diese Worte klingen noch heute oft in meinem Kopf.

„Leider lässt sich die Sanduhr von keinem Menschen umdrehen und auf den Anfang zurückstellen. Meine Zeit ist bald abgelaufen und ich werde neue Aufgaben annehmen, Anne. Heute bei meiner Eiche habe ich erfahren, meine Seele wird immer in deiner Nähe bleiben. Das ist mein Trost und für die Zukunft, die mir bevorsteht, meine Hoffnung und Freude."

In der folgenden Nacht lag ich unruhig in meinem Bett. Wie gerne hätte ich mit meiner Mutter vor dem Schlafengehen darüber gesprochen, was mich bewegt, was ich an diesem Tag erlebt habe. Aus Angst, sie versteht mich nicht, habe ich geschwiegen. Ein Trost für mich aber waren die Worte von Opa, er bliebe immer in meiner Nähe. Mit dem Gedanken bin ich gegen Morgen noch eingeschlafen. Ein verrückter Traum hat mich heimgesucht. Mein Schlaf war sehr unruhig und als mein Wecker klingelte, ich fühlte mich zwar von dem Traum erlöst, aber auch sehr müde.

„Trink deinen Kakao, Anne", mahnte Mutter mich beim Frühstück. „Du siehst heute so verschlafen aus, Anne. Hast du nicht gut geschlafen?" Ihr Blick, der auf mir ruhte, war skeptisch. Kurz war ich der Versuchung nahe, ihr meine Sorgen anzuvertrauen. Tief in meinem Inneren jedoch klingelte eine Alarmglocke und ich hielt meinen Mund.

„Anne, die Ausflüge mit deinem Opa sollten wir reduzieren. Mir scheint, sein Umgang ist nicht mehr zu deinem Wohl."

Erschrocken war mir die Tasse aus den Händen geglitten, was meine Mutter noch mehr in ihren Worten bestätigte. „Du musst mehr mit Kindern in deinem Alter spielen, Anne. Mir gefallen auch die Ausflüge nicht, die dein Opa mit dir unternimmt. Er sollte kein Auto mehr fahren in seinem Alter. Dann müsste ich mir auch nicht immer Sorgen machen, es kann etwas passieren, wenn du mit ihm unterwegs bist", Mutter hielt kurz ihren Mund, betrachtete mich skeptisch, was mich nervös werden ließ. „Opa fährt noch sehr gut Auto, wirklich, Mutter. Ich finde, er ist noch sehr fit für sein Alter und weiß sehr gut, was er tut."

„Die Leute im Dorf reden über deinen Opa. Ihr sollt im Wald gewesen sein, immer wieder wurdet ihr gesehen und dein Opa hat Bäume umarmt, du bist unterdessen über die Wiese gelaufen. Anne, mein Vater verhält sich nicht wie ein Mann in seinem Alter es tun sollte. Dein Opa könnte sich ausruhen, zu Hause fernsehen und mit deiner Oma am Nachmittag eine Tasse Tee trinken." Sie schnaufte, was ich nicht als schön empfand.

Mein Kopf war voll mit Fragen und Sorgen auf meinem Weg in die Schule und auch noch, als ich in der Schule ankam.

An diesem Tag kamen wir im Religionsunterricht auf den Tod zu sprechen. Der Lehrer versuchte uns, die Natürlichkeit, dass alte Menschen eines Tages sterben würden, zu erklären. Ich meldete mich einmal mehr und wurde tatsächlich aufgefordert zu sprechen. „Es sterben auch schon

Kinder", meldete ich mich. „Wie lässt sich das erklären? Ich finde es weder natürlich noch gerecht."

Auf meinen Einwand sagte der Lehrer nichts, wie so oft. Selbstverständlich habe ich mich mit der Reaktion nicht zufriedengegeben. Im Anschluss blieb meine Hand oben und ich schnippte mit meinen Fingern, um die Aufmerksamkeit des Lehrers auf mich zu lenken. Leider ohne Erfolg.

Der Lehrer übersah meine ausgestreckte Hand und gab mir nicht mehr das Wort. Nach einer Weile kapitulierte ich, blickte auf meinen Tisch und hörte nebenbei den Worten des Lehrers zu.

„Wenn als Beispiel eure Oma oder der Opa sterben, dann müsst ihr für immer Abschied nehmen. Ein Wiedersehen wird es erst im Himmel geben."

Mich hielt nach diesen Worten meines Lehrers nichts mehr auf meinem Stuhl. Im Hochspringen reckte ich die Hand in die Höhe und schnippte erneut mit den Fingern.

„Anne, du scheinst uns etwas Wichtiges mitteilen zu müssen." Immerhin hatte ich nun das Wort, was mich strahlen ließ. Aufgeregt musste ich erst Luft holen, bis ich endlich in der Lage war, zu sprechen.

„Mein Opa hat mir davon berichtet, zu spüren, dass er bald sterben muss. Seine Worte waren: bald komme der Sensenmann und werde seine Seele holen." Kurz holte ich erneut Luft. Vor Aufregung musste ich schlucken, dann aber war ich in der Lage, weiterzusprechen. „Wenn mein Opa bald sterben muss, dann lebt seine Seele hier unter uns weiter. Opa hat mir davon berichtet und ich werde seine Seele suchen und dann sind Opa und ich wieder für immer zusammen. Alle Menschen, die zu Lebzeiten ordentlich

42

durch das Leben gegangen sind, so sagt mein Opa, deren Seele lebe weiter unter uns. Wer sich nicht so lieb den Mitmenschen gegenüber verhalten hat, läuft Gefahr, als Spinne oder als Ameise wiedergeboren zu werden."

Mein Religionslehrer sah mich skeptisch an. Er ging einige Schritte im Klassenraum auf und ab, dann erst bekam ich eine Antwort von ihm.

„Anne, du verbringst sehr viel Zeit mit deinem Opa. Hast du nicht das Gefühl, Anne, dein Opa ist verwirrt? Er kann die normalen Abläufe im Alltag nicht mehr richtig einordnen? Fragst du dich nicht des Öfteren selbst, ob dein Opa noch weiß, was er dir erzählt?" Diese Frage brachte mich zum Lachen, was dem Lehrer nicht gefiel, wie ich an seinem Gesichtsausdruck sehen konnte.

„Anne, wenn du das nächste Mal deinen Opa aufsuchst, dann beobachte ihn doch einmal und hinterfrage sein Handeln. Sicherlich wirst du dann erkennen, ich habe die Wahrheit gesagt und dein Opa gehört längst in eine Betreuung."

„Haben Sie keinen Opa, den Sie besuchen können? Den Sie liebhaben, so wie er ist? Mein Opa ist der liebste Mensch und er ist gesund und bei gutem Verstand. Was nur haben Sie gegen meinen Opa? "

„Anne! Dein Opa scheint senil zu werden und du musst es akzeptieren. Kein Mensch bleibt ewig gesund und jung", sprach mein Lehrer vor der Klasse.

„Was bitte heißt senil?" Die Frage kam natürlich sogleich über meine Lippen, was meinen Lehrer zur Schnappatmung brachte. Immerhin, meine Schulkammeraden blieben ruhig, sie kannten das neue Wort und dessen Bedeutung allem Anschein nach auch noch nicht.

„Ältere Menschen bilden sich gerne etwas ein. Sie leben in ihrer eigenen Welt und es tut Kindern nicht gut, so oft in ihrer Nähe zu sein. Anne, ich werde mit deiner Mutter sprechen, du solltest nicht mehr jede Woche deinen Opa sehen."

Ruckartig war ich von meinem Stuhl aufgesprungen und schrie erbost. „Mein Opa ist mein bester Freund und niemand kann ihn mir wegnehmen, nur der Sensenmann."

Mein Lehrer holte Luft, wie ich sehen konnte, sagte jedoch kein Wort mehr zu mir. Auch meine Mitschüler fingen an, über ihre Großeltern zu sprechen und im Klassenzimmer wurde es für den Moment sehr laut.

Am Abend

Mein Lehrer hatte keine Zeit vergeudet und nach dem Unterricht dafür gesorgt, sogleich mit meiner Mutter zu sprechen. „Anne darf nicht mehr so oft in die Nähe ihres Großvaters, er ist senil und hat keinen guten Einfluss mehr auf Anne. Mir scheint, es wäre von Vorteil, Anne spiele mit Kindern in ihrem Alter. Ihr Vater hat sehr komische Ansichten auf das Leben und den Tod und er erzählt Anne Dinge, die nicht gut sind für ein Kind."

Meine Mutter nickte, was ich als Verrat an Opa ansah und auch sagte.

„Opa ist nicht", das Wort fiel mir in dem Augenblick nicht ein. „Venil", sagte ich dann und wurde mitleidig von meinem Lehrer angesehen. „Wie gesagt, Anne braucht Menschen in ihrem Umfeld, die ihr auch einen guten Wortschatz beibringen. Ein alter Mann ist mir nicht der richtige Umgang für ein heranwachsendes Mädchen." Mein Lehrer machte eine kurze Pause, dann aber sprach er weiter. „Anne sagt oft komische Dinge im Unterricht. Sie scheint sich in ihrer Freizeit mit ihrem Opa sich in eine Fantasiewelt hineinzusteigern und kann später die reale Welt nicht mehr von der Fantasie unterscheiden."

Mutter nickte erneut. Sie saß in ihrer Küche und gab dem Lehrer keine Widerrede. Wieso Mutter sich nur so unterwürfig verhielt, ich habe mir diese Frage noch Jahre später gestellt. Die Szene in unserer Küche habe ich niemals vergessen. Wie sehr hatte ich mir gewünscht, Mutter würde in diesem Moment Partei für mich ergreifen, mich verteidigen und meinem Lehrer den Mund verbieten. Außerdem konnte sie doch nicht zulassen, dass mein Religionslehrer so unverschämte Dinge über Opa sagte. Wenn einer wissen musste, wie wunderbar mein Opa ist, dann doch meine Mutter.

Heute denke ich, meine Mutter war keine starke Persönlichkeit und hat sich den Worten des Lehrers unterworfen, ohne nachzudenken. Mutter hätte auch mich verteidigen müssen. Ich hatte sie bis zu diesem Tag nie angelogen, abgesehen von kleinen Notlügen, die ich nicht als tragisch einstufte. Bei der Frage, wie viele Gummibärchen ich schon gegessen hatte, durfte es doch wirklich auf eine Handvoll nicht ankommen, die ich gerne unterschlug. Noch heute liebe ich Gummibärchen und komme an keiner Packung vorbei, ohne zu naschen. „Kleine Naschkatze", hat Opa mich gerne genannt.

„Viele Menschen sind Mitläufer, Anne. Traurige Gestalten, die immer das tun, was die Gesellschaft von ihnen verlangt. Dadurch sind schon große Ungerechtigkeit und sehr viel Leid über die Menschen gekommen."

An die Worte von Opa musste ich in diesen Minuten denken, als der Lehrer mit Mutter sprach. Wie recht doch mein Opa mit seinen Worten hatte. Noch heute bin ich von seiner Aussage überzeugt.

Mutter sah ich an jenem Tag fragend an und in meinem Herzen war der Wunsch, sie würde endlich dem Lehrer gegenüber eine Haltung annehmen, die mir zeigt, ich bin ihr wichtig und Opa ebenso. Mein nächster Wunsch war es, in dem Moment, als der Lehrer erneut so auf meine Mutter einredete, sie zu verteidigen. In meinem Kopf bildete ich Sätze, die ich dem Lehrer sagen wollte, leider bekam ich in dem Augenblick meine Lippen nicht geöffnet. Was nur war mit mir los? Sonst war ich nicht schweigsam und mir gelang es immer meine Gedanken zu äußern.

Das, was ich in meinen Gedanken formuliert hatte, was ich dem Lehrer sagen musste und wollte, es kam nicht über meine Lippen, ich schwieg. War ich auch schon zu einem heranwachsenden Menschen ohne Rückgrat geworden, wie Opa diese Menschen nannte, die in seinen Augen nur Mitläufer waren?

„Weißt du, Anne, Menschen ohne Rückgrat gibt es schon sehr viele auf der Erde. Ich möchte sehen, dass du zu einem selbstbestimmten Menschen wirst. Dich so entwickelst, dass du den Mund öffnest, wenn dir etwas nicht gefällt."

Ich hatte geschwiegen und Schwäche gezeigt. Mein eigenes Verhalten hatte mich letztendlich mehr getroffen als das meiner Mutter. Für sie empfand ich Mitleid, für mich jedoch schämte ich mich. Opa hatte mir jahrelang erklärt, wie ich reagieren sollte, wenn ich etwas für falsch und ungerecht ansehe. Doch ich hatte versagt, einfach geschwiegen wie meine Mutter. Es hat mich Jahre gekostet darüber hinwegzukommen und den Moment zu verarbeiten.

Immerhin meinen Kindern habe ich durch diese Erfahrung und meine Berichte zu meiner Kindheit und insbesondere zu dieser Situation mit dem Lehrer und meiner Mutter gezeigt, was falsch ist. Durch meine Berichte habe ich den Kindern verholfen, zu starken Persönlichkeiten heranzuwachsen. Menschen, die ihren Mund öffnen, wenn sie eine Ungerechtigkeit erkennen. „Schweigen ist nicht immer die richtige Wahl. Hinsehen und sagen, was man empfindet, ist der richtige Weg, auch oder gerade dann, wenn wir uns damit selbst in Schwierigkeiten bringen."

Heute denke ich, mein Opa war seiner Zeit voraus und er hätte mit dem Selbstbewusstsein, das die jungen Frauen heute haben, seine Freude gehabt.

Opas Art, mir die Welt zu erklären

„Anne, du bist ein wertvoller Mensch und sollst achtsam mit deinem Leben umgehen", sagte mir mein Opa an einem Nachmittag. „Willst du glücklich sein, Anne?", fragte Opa später.

„Selbstverständlich, Opa! Ich bin auch glücklich, wieso fragst du?"

Wie so oft saßen wir beide in der alten Gartenlaube von Opas Garten mit Blick auf den Rhein. „Glück muss jeder Mensch wollen und zulassen. Daher ist es so wichtig, Anne, sich mit positiven Menschen zu umgeben. Wer kein Glücksgefühl erwartet, nicht bemüht ist die schönen Momente in jedem Tag zu erkennen, wird traurig bleiben."

Mein Opa zog an seiner Zigarre und pustete kleine Wölkchen in die Luft, was mich faszinierte. „Wer zufrieden ist, Glück empfinden kann, auch in ganz kleinen Dingen das Glück findet, ist im Vorteil. Menschen, die für alles, was es auf der Erde gibt, eine Erklärung fordern oder suchen, gehen mit Scheuklappen durch die Welt. Nicht alles, Anne, was es an Wundern gibt, ist mit deinen Augen zu erkennen und doch ist es wichtig, an diese Wunder zu glauben."

Richtig verstanden habe ich zu diesem Zeitpunkt seine Worte noch nicht, was ich meinem Opa auch sagte. Kurz sah er mich milde an. Sein Gesicht war faltig und alt, trotzdem war er für mich der schönste Mann auf der Erde.

„Dann versuche ich dir einmal zu erklären, was ich damit sagen möchte." Opa legte die Zigarre in einen Aschenbecher, nahm einen Schluck aus dem Wasserglas, bevor er wieder sprach.

„Das Leben, die Menschen, ich stelle mir immer vor, wir sind Marionetten, die an seidenen Fäden hängen und von einer unbekannten Macht gehalten und gelenkt werden. Wir hängen sozusagen an seidenen Fäden."

Auch diese Worte aus Opas Mund waren mir lange Zeit fremd. Gut, ich habe mir vorgestellt, was Opa gesagt hatte, und fand für den Moment er könne Recht haben. Außerdem gefiel mir das, was ich mir nach seinen Worten vorstellte, sehr gut.

In der Schule, im Religionsunterricht, wurde uns gelehrt, der liebe Gott halte seine Hand gütig über uns und wacht über jedes Leben.

„Hält er die seidenen Fäden in seinen Händen?", wollte ich an einem Tag von Opa wissen.

„Alleine schafft er das nicht mehr und ich bin mir sicher, die Seelen der Toden helfen ihm dabei."

„Dann verliert der Tod doch seinen Schrecken für uns, Opa? Wir leben weiter und haben eine neue Aufgabe, die auch wertvoll und sehr schön ist."

„Du bist sehr intelligent, Anne."

„Deinen Worten nach bleiben einige Seelen hier auf der Erde, leben weiter in der Nähe von Menschen, die noch ihre Nähe benötigen", auf meine Worte nickte Opa. „Die anderen Seelen haben Aufgaben, die ebenso wichtig sind, jedoch nicht hier auf der Erde ausgeführt werden."

„Ja, Anne. Ich kann hören, du hast mich richtig verstanden."

An diesem Tag war ich sehr lange mit Opas Worten beschäftigt. Wie nur sollte ich mir eine Seele vorstellen und was will Opa damit sagen, fragte ich mich.

Mich haben seine Worte beschäftigt und Tage später kam in mir die Frage hoch: „Wenn die Seelen der toten Menschen Gott helfen, dann verlieren wir uns nur kurz aus den Augen auf der Erde und nach dem Tod treffen wir uns wieder? Andererseits haben wir die Chance einige Seelen auf Erden zu treffen. Alles klingt für mich positiv und erfreulich. Ist das nun positives Denken, Opa?"

Mein Opa nickte zufrieden und paffte auf seiner Zigarre, was mich beruhigte. „Wir verlieren uns niemals ganz, nur für den Moment. Vielen Menschen ist es auch vergönnt, den Kontakt zu einem geliebten Menschen weiterzuführen, du musst nur daran glauben."

„Mein Lehrer sagt, es gibt keine ungewöhnlichen Ereignisse. Alles, was ich zu dem Thema Tod und Wiedergeburt gesagt habe, konnte er nicht verstehen. Meine Fantasie sei ausgeprägt, musste ich mir anhören."

Im Anschluss berichtete ich meinem Opa von dem Besuch zu Hause und neben dem Verhalten meiner Mutter auch von meiner Schweigsamkeit. „Ich war nicht einmal in der Lage, etwas zu sagen, Opa. Dabei wollte ich dich verteidigen, das musst du mir glauben. Mein Lehrer ist ein böser Mensch."

Opa sah mich eindringlich an. Es dauerte Sekunden, bis er mir antwortete.

„Das ist so nicht richtig, Anne. Dein Lehrer wird ein Mensch sein, der in seinem Handeln gefangen ist. Dies kann an der Erziehung liegen, die dein Lehrer in Kindestagen erfahren hat. Wichtig ist auch, Anne, immer offen zu sein für neue Wege und Veränderungen. Menschen, die in sich gefangen leben, verpassen die Chance, etwas Neues zu entdecken. Offen im Geist, und in seinem Handeln zu bleiben, ist auch ein Zeichen, noch jung zu sein."

Kurz habe ich gelacht. „Du hast aber schon viele Falten, Opa, bist du nicht schon alt?"

Mein Opa lachte ebenfalls und zog erneut an seiner Zigarre. „Betrachte dir meinen Ausweis und schau dir mein Geburtsdatum an, Anne. Wenn du dir mein Geburtsdatum ansiehst, Anne, dann bin ich ein alter Mann. Jedoch mein Verhalten im Alltag, meine Neugierde auf alles Neue, die Bereitschaft, auch ungewohnte Wege zu gehen, die hält mich jung." Opas Augen blitzen vor Freude.

„Und wie findest du das Verhalten von Mutter und von mir? Wir beide konnten dem Lehrer nichts entgegenbringen und haben geschwiegen. Dabei waren die Worte schon in meinem Kopf, Opa."

Er nickte mir sanft zu. „Keine Sorge, Anne. Mir ist doch bewusst, wie sehr wir zwei uns lieb haben. Ich komme zunächst auf deine Mutter zu sprechen." An der Stelle legte Opa eine Pause ein. „Eventuell habe ich Fehler bei der Erziehung deiner Mutter gemacht, das tut mir heute sehr leid. Sie ist nicht frei in ihrem Handeln und kein Mensch mit einem starken Rückgrat."

„Und bei mir hast du die gleichen Fehler bei der Erziehung gemacht?"

„Nein, Anne, ich hoffe es zumindest, dass ich das nicht gemacht habe. Du bist noch ein Kind und wenn ein Klassenlehrer in das Haus kommt, ist dies kein Alltag. Daher ist es für mich nachvollziehbar, wie du dich gefühlt haben musst. Mir tut es leid, dir so viele Sorgen zu bereiten, Anne. Erst durch mich, durch mein Verhalten im Alltag bist du in diese Situation geraten. Viele Menschen empfinden, ich sei anders, darüber haben wir schon öfter gesprochen."

„Für mich bist du nicht so, also anders. Für mich bist du ein ganz wertvoller Mensch, genauso wie du bist. Ich denke nicht, dass du …..venil bist", wieder suchte ich nach dem Wort, das mein Lehrer für meinen Opa gefunden hatte.

„Senil, meinst du?" Opa lachte und zog an seiner Zigarre. „Wer weiß das schon? Vielleicht bin ich inzwischen etwas sonderbar, Anne. Eines aber kann ich dir versichern, meine Liebe zu der Natur, mein Eintauchen in meine Welt des Friedens und der Freude, wie ich die Besuche in der Natur nenne, sind nicht verrückt. Dies ist ein Bestandteil meines Lebens, was ich dir weitergeben möchte. Denke nicht an die Worte deines Lehrers, wenn du in den Wald gehst, sondern konzentriere dich auf die Natur. Ich sehe das Schöne, die Artenvielfalt der Tiere, die meine Augen in diesen Momenten entdecken, ebenso die der Pflanzen. Menschen, die hierfür keinen Sinn, keinen Blick haben, die sind arm."

Zu diesem Zeitpunkt haben mich die Worte von Opa erfreut, jedoch nicht lange beschäftigt. Für den Augenblick war ich beruhigt durch seine Worte. Die Vorstellung, kein Mensch geht für immer aus dieser Welt, sie gefiel mir sehr gut. Ich konnte und ich wollte mir ein Leben ohne Opa nicht vorstellen.

Mit dem Thema Tod habe ich in dieser Zeit durch meinen Opa und seine Berichte die ersten Berührungen und Erfahrungen gemacht. Im Nachgang kann ich sagen, mein Opa hat mich kindgerecht an das Thema herangeführt. Lediglich, wenn mein Opa Probleme mit seiner Gesundheit hatte, wurde ich aufmerksam und habe ihn beobachtet.

Ebenso besorgten mich die Nachrichten vom Tod seiner Schulfreunde, was auch Opa sehr mitnahm und beschäftigte. Wenn ein Schulfreund von früher gestorben war, litt Opa über Tage hinweg, was er nicht vor mir verbergen konnte. Es beschäftigte ihn und sicherlich trug er in diesen Stunden auch Erinnerung in seinen Gedanken.

In diesen Tagen habe ich schon darüber nachgedacht, meinen Opa eines Tages nicht mehr an meiner Seite zu haben. Die Vorstellung ängstigte mich jedoch nur für einen Moment. Meine Kenntnisse über das Ableben eines Menschen und den Verbleib seiner Seele waren mein Trost. Mich hat das Thema rund um den Tod nicht geängstigt. Bis auf diese wenigen Augenblicke, in denen ich sah, meinem Opa geht es einmal nicht gut, trug ich ansonsten keine Sorgen in mir. Mit dem Alter wurde mein Opa anfälliger für Infekte, die ihn auch zusehends mehr schwächten. Zusehen zu müssen, Opa geht es einmal nicht gut, ohne helfen zu können, das war eine Belastung für mich.

Glücklicherweise habe ich diese Ängste immer wieder schnell vergessen, wenn ich mit meinem Opa unterwegs war und schöne Momente erleben durfte. Kinder sind zum Glück schnell abzulenken und konzentrieren sich rasch auf neue Eindrücke, so war es auch bei mir.

Einige Tage später

Als ich bei Opa eintraf, saß er noch mit der Tageszeitung in den Händen in der guten Stube.

„Du bist noch nicht fertig?" In meiner Stimme klang Enttäuschung mit.

„Lass uns in den Wald gehen", sprach Opa und legte zeitgleich die Tageszeitung zur Seite.

„Ich muss erneut Abschied nehmen, von einem Schulfreund, Anne." Ich konnte sehen, Opa beschäftigte die Neuigkeit sehr und es ging ihm gesundheitlich nicht gut.

„Dann lass uns in den Wald gehen!" Opa stand von seinem Stuhl auf und wir machten uns auf den Weg.

„Hier, in der Natur bin ich allen Menschen nahe, die mir im Leben begegnet sind, die ich in mein Herz geschlossen habe", sagte Opa gerne. Ich nickte und erfreute mich an dem leckeren Butterbrot, das ich in meinen Händen hielt. Im Unterbewusstsein jedoch habe ich die Worte von Opa gespeichert und niemals vergessen.

Heute als erwachsene Frau denke ich, was habe ich nur für ein Glück gehabt, als Kind so einen liebevollen Menschen an meiner Seite gehabt zu haben. Ein Mensch, der mir nicht nur das Leben erklären konnte, auch die Zeit danach.

Auch an diesem Tag haben wir Bäume umarmt, Opa hat mit einem besonders dicken und hochgewachsenen Baum gesprochen und dabei gelächelt, was ich registrierte. Gewundert hat es mich nicht, für mich waren diese Rituale und Ausflüge in die Natur zur Gewohnheit geworden.

In dieser Zeit habe ich auch mein Wissen über Bäume, Pflanzen und Tiere erhalten. Mit und in der Natur aufzuwachsen, es ist ein Geschenk für das weitere Leben.

„Hürden zu überwinden, kostet Kraft und Mut", waren Opas Worte auf dem Rückweg, an die ich mich gut erinnere. „Beides musst du dir bewahren und beherzigen, Anne. Nur so kannst du etwas erreichen und über den Tellerrand hinaussehen. Das Leben ist so vielfältig und bietet mehr, als viele Menschen zulassen oder glauben können. Nicht immer ist der einfachste Weg auch der Schönste oder der Richtige. Sei immer mutig und aufgeschlossen."

„Ich habe doch dich an meiner Seite Opa, was sollte mir schon passieren?"

„Ach, Anne. Ich kann doch nicht immer auf dich aufpassen!"

„Doch, Opa! Ich möchte immer an deiner Seite durch mein Leben gehen."

Erneut legte ich meine kleine Hand in Opas große, warme Hand und fühlte mich glücklich, wie schon so oft in diesen Momenten der Zweisamkeit.

„Viele Menschen habe Träume, möchten eine Reise oder eine berufliche Veränderung und sind nicht in der Lage, diesen Wunsch in die Tat umzusetzen." Opas Worte ließen mich kurz nachdenken. „Vielleicht haben die Leute zu wenig Geld für eine Reise?"

„Das kann ein Grund sein, Anne. Wer aber etwas erleben und verreisen möchte, kann auch mit weniger Geld sein Abenteuer finden. Es geht mir darum, dir zu sagen, man darf nicht alles, was man an Wünschen in seinem Herzen trägt, auf später verschieben."

„Ich möchte eine Partie Schach mit dir spielen", blickte ich Opa bittend an, nachdem wir wieder zu Hause waren.

„Gut, Anne, dann spielen wir eine Partie Schach. Mir geht es auch schon wieder viel besser als heute Morgen. Die Zeit mit dir in der Natur hat mir Erholung geschenkt."

„Das freut mich zu hören, Opa. Mir bleibt also noch Zeit, das Schachspielen besser zu lernen, damit ich gewinne, wenn der Sensenmann anklopft."

„Worauf wartest du noch, Anne? Pack das Schachspiel aus, ich spüre schon, heute werde ich gewinnen", Opa rieb seine Hände vor Freude ineinander.

„Ich werde es dir nicht leicht machen", stellte ich die Figuren auf das Brett.

Es sollte noch Jahre dauern, bis ich die Weisheiten meines Opas verstehen konnte. Dankbar erinnere ich mich heute immer wieder daran und Opas Worte beeinflussen mein Handeln im Alltag. Ich kann sagen, durch diese Worte lebe ich bewusster. Ab und an darf jeder Mensch egoistisch sein und seine Wünsche in die Tat umsetzen, davon bin ich heute überzeugt.

Neben den Ausflügen in die Natur haben mein Opa und ich oft Stunden in der alten Gartenlaube zusammen verbracht.

Ich liebte es, mit Opa zu reden, eine Partie Schach zu spielen oder auch einmal Mensch ärgere Dich nicht zu spielen. Zu meiner Freude wurde er nie müde, meinen Wunsch zu erfüllen, wenn ich eine Revanche wollte.

„Anne, du bist schon in der Lage, deine Wette für mein Leben einzusetzen", lobte mich Opa eines Tages. Es war seine Art, mir mitzueilen, mir sei es gelungen, meine Kenntnisse beim Schach inzwischen auszubauen. An diesem Nachmittag habe ich unsere Schachpartie gewonnen. Meine Freude war sehr groß, zumal mein Opa mir den Gewinn nicht geschenkt hatte, im Gegenteil, bis zur letzten Minute war es sein Wunsch gewesen, selbst zu gewinnen.

„Mit dir habe ich auch einen guten Lehrer", lobte ich Opa und packte die Figuren zusammen.

Die alte Gartenlaube

Die alte Gartenlaube war wie ein Wohnzimmer in diesen Tagen für mich. Wirklich große Ansprüche an das Leben kannte ich zu dieser Zeit nicht. Ich bin wahrlich nicht im Luxus großgeworden. Meine Kindheit und Jugend waren aber schön, ich war geborgen und ich hatte immer einen lieben Freund an meiner Seite, meinen Opa. Ein Kind braucht keine wertvollen Kleidungsstücke, keine zehn Puppen oder ein Designer Zimmer, es braucht Liebe und Aufmerksamkeit. Beides habe ich erhalten und dafür bin ich dankbar.

In den folgenden Wochen erholte sich mein Opa gesundheitlich und ich konnte ihm ansehen, es geht ihm besser. „In meinem Alter kann jede Grippe das Ende bedeuten", betonte er gerne.

„Wo bleibt deine positive Einstellung zum Leben?"

Diese Worte hatten Opa kurz innehalten lassen. Verwundert blickte er mich an, dann fing er an zu lachen. „Anne! Kind! Du hast so recht. Ich habe vergessen, dass Jammern nicht hilft. Im Gegenteil, es macht jede Situation noch trauriger."

Diese Antwort von Opa gefiel mir sehr gut.

Weihnachten kam näher und meine Mutter fragte mich an einem Tag, was ich mir zu Weihnachten wünsche. Inzwischen war ich alt genug und wusste schon längere Zeit, dass meine Mutter die Geschenke einkauft und nicht der Weihnachtsmann.

„Marionetten zum Spielen", war meine spontane Antwort. „Weißt du Mama, jeder Mensch, so meint Opa zumindest, hängt an ...", ohne nachzudenken hatte ich die ersten Worte ausgesprochen. Als ich jedoch merkte, ich verstricke mich in eine Sache, die mir nicht bekommen wird, hatte ich meine Worte unterbrochen. Der Geschichtsausdruck meiner Mutter zeigte mir, sie war nicht begeistert. Sie hatte schon auf die wenigen Worte, die ich gesagt hatte, mit einem veränderten Gesichtsausdruck reagiert. Aus Angst, sie komme wieder einmal auf die Idee, mir die Besuche bei Opa zu verbieten, schwieg ich.

„Anne! Muss ich mir Sorgen machen?"

„Nein, nein, Mutter. Ich gehe jetzt etwas zum Spielen auf die Straße", zog ich mich für die nächsten zwei Stunden zurück.

In den Tagen vor Weihnachten dachte ich immerzu an die Marionetten, die ich mir so sehr wünschte. Mit keinem Ton habe ich diesen Wunsch noch einmal erwähnt und meine Mutter kam auch nicht mehr darauf zu sprechen. Meine Angst, mein Wunsch würde nicht in Erfüllung gehen, er begleitete mich über Tage hinweg.

Weihnachten

Mutter hatte unser Wohnzimmer hübsch geschmückt und auf dem Tisch standen selbstgebackene Plätzchen. Natürlich galt mein erster Blick dem Weihnachtsbaum, als ich das Wohnzimmer betrat. Die Plätzchen, auch wenn ich diese sehr gerne esse, spielten in diesen Minuten nur eine kleine Rolle. Meine Augen suchten den Platz unter dem Weihnachtsbaum ab. „Ist die Kiste für mich?", meine Augen strahlten beim Anblick eines wirklich großen Kartons, der meine Fantasie sogleich auf Reise schickte. Ob ich meine Marionetten darin finden werde? Die Frage hämmerte in meinem Kopf.

Als ich die Kiste auspackte, die unter dem Weihnachtsbaum lag, zitterten meine Hände vor Aufregung. Rasch hatte ich das bunte Papier, mit dem mein Geschenk eingepackt war, aufgerissen.

Vorsichtig habe ich ein kleines Stück den Deckel angehoben, um hineinsehen zu können.

„Meine Marionetten!", habe ich vor Freude gerufen, als ich den ersten Blick in die Kiste erhaschen konnte. Vor Freude war ich um den Weihnachtsbaum getanzt und konnte mein Glück kaum fassen. „Die Marionetten muss ich Opa zeigen. Wir werden das Leben nachspielen und den Tod", an der Stelle wurde ich von Mutter unterbrochen.

„Anne! Du sollst nicht immer solche Dinge sagen! Mit deinen neuen Marionetten kannst du in das Reich der Träume eintauchen, Anne, und mit einer Schulfreundin schön zusammenspielen. Mädchen in deinem Alter sollten mehr mit Freundinnen spielen", an diese Worte kann ich mich noch gut erinnern, ebenso an meine Antwort: „Ich werde

61

das Leben und den Tod nachspielen. Opa sagt, Tote tanzen länger."

Die Blicke meiner Mutter im Anschluss auf meine Worte konnte ich nicht deuten. Wirklich wichtig war es mir nicht, meine Marionetten zogen meine Aufmerksamkeit auf sich und ich fing an zu spielen. Als Opa an diesem Abend zu uns kam, lief ich ihm vergnügt in seine Arme. „Ich habe Marionetten bekommen, schau doch nur! Jetzt können wir das Leben und den Tod spielen."

„Das ist eine sehr gute Idee, Anne." Opa strahlte mich an.

„Mir gefällt das nicht, Vater", hörte ich Mutter sagen. Opa lachte nur. „Anne muss doch das wahre Leben kennenlernen und der Tod gehört nun einmal zum Leben dazu", lachte er Mutters Sorgen weg.

Meine Mutter verzog sich im Anschluss in die Küche, um das Abendessen vorzubereiten. Opa setzte sich zu mir auf den Boden und betrachtete die neuen Marionetten mit mir.

Es wurde noch ein harmonischer Weihnachtsabend und bis zum Schlafengehen habe ich mit meinen Marionetten unter dem Weihnachtsbaum gespielt. Aus Rücksicht auf meine Mutter habe ich nicht mehr vom Tod gesprochen und nur das Leben nachgespielt.

Auch in den Tagen nach Weihnachten sah ich meinen Opa fast täglich, meinen besten Freund, der mir die Welt aus seinen Augen erklärte. Die Feiertage waren viel zu schnell verflogen und ich musste wieder in die Schule gehen.

Eine Lehrerin wollte von allen Schülern wissen, was sie zu Weihnachten bekommen haben und wie sie die Feiertage verbracht haben. Ob die Großeltern oder Tante und Onkel zu Besuch gekommen waren. Als Kind gibt man gerne Auskunft. Die Mitteilungskraft war auch bei mir sehr ausgeprägt und daher freute ich mich sehr, als ich zu Wort kam.

„Ich habe Marionetten bekommen", gab ich stolz Auskunft. Auf den nachgefügten Satz von mir: „Damit spiele ich das Leben und den Tod nach." Ich hätte darauf verzichten sollen, ebenso auf den folgenden Satz, den ich noch stolz sagte: „Die Seelen der Toten tun dies auch, im Himmel. Sie lenken unser Handeln und passen auf uns auf."

Einmal mehr hatte ich das Pech, nicht verstanden zu werden. Meine Lehrerin, die ich an diesem Tag im Unterricht hatte, sie schüttelte den Kopf. „Mir scheint, Anne, du solltest mehr Bücher lesen und dich in der Freizeit mit anderen Kindern in deinem Alter beschäftigen. Dein Opa setzt dir Flausen in den Kopf. Meine Kollegen haben im Lehrerzimmer auch schon über dich und dein sonderbares Verhalten gesprochen."

Für den Augenblick machten mich die Worte der Lehrerin traurig. Zum Glück besitze ich ein freudiges Gemüt und bis zum Ende des Unterrichts hatte ich meine Unterhaltung mit der Lehrerin schon wieder vergessen. Auf dem Schulhof, in den Pausen, hatte ich mit den anderen Kindern gespielt und war abgelenkt. Gut gelaunt und zufrieden lief ich am Ende des Unterrichts nach Hause.

Ich klingelte Sturm in der Erwartung des Mittagsessens, auf das ich mich schon freute.

„Hallo Mutter!", strahlte ich ihr entgegen, als die Türe sich öffnete. In dem Moment, als ich meine Mutter sah, ich ahnte sogleich, es gibt Ärger.

Meine Mutter öffnete die Haustüre mit einem Gesichtsausdruck, der nichts Gutes erwarten ließ.

Im Flur sah ich meine Lehrerin und sogleich wusste ich, warum sie bei meiner Mutter war.

„Sie sprechen bitte mit Anne", betonte die Lehrerin und dann verließ sie auch schon unser Haus. Mit gesenktem Kopf stand ich im Flur.

„Anne, du musst aufhören, Opas Geschichten zu glauben, und endlich anfangen, ein eigenes Leben mit gleichaltrigen Kindern zu finden. Komm jetzt mit in die Küche."

Mutter machte mir einen Kakao, nachdem wir in der Küche waren, das war neu für mich. Erwartet hatte ich eine Rüge von ihr und eine Strafe, doch dieses Verhalten irritierte mich. Mein Kakao lenkte mich kurz von weiteren Sorgen ab. Er schmeckte sehr lecker und ich strahlte Mutter dafür an. Im Anschluss stellte Mutter mir mein Mittagessen auf den Tisch und ich fing unbekümmert an zu essen. Meine Mutter, so meine Überlegung, sie scheint den Worten der Lehrerin nicht so viel Gewicht geschenkt zu haben. „Das Essen war sehr lecker, Mutter." Meinen leeren Teller schiebte ich ein Stück zur Seite.

„Möchtest du noch einen Kakao, Anne?" Mutter legte kurz ihren Arm auf meine Schulter.

Ich war sehr verwundert und strahlte Mutter sogleich an. „Sehr gerne, lieben Dank!" Mutter stand wortlos auf und hantierte in der Küche herum. Minuten später stellte sie mir den frischen Kakao hin. „Heute ist mein Glückstag", nippte ich sogleich an dem Kakao. „Und das Mittagessen war auch sehr lecker", fügte ich zufrieden nach.

„Ich muss mit dir sprechen, Anne." Ohne große Betonung waren die Worte aus Mutters Mund gekommen.

„Worüber, Mutter?"

„Du hast ja gesehen, deine Lehrerin war heute bei mir."

Ich nickte. „Ja, du darfst die Lehrerin nicht so wichtig nehmen."

„Es gibt eine Schule für Mädchen, Anne, wo alle Kinder schlafen können", sprach Mutter, als ich gerade erneut an meinen Kakao genippt hatte. Meine Tasse nahm ich sogleich vom Mund stellte diese zurück auf den Tisch. Mit einem Male war ich hellhörig und ich ahnte sogleich, jetzt kommt im Nachgang an das Gespräch mit der Lehrerin noch eine Abmahnung für mich.

„Du willst mich doch nicht wegschicken, Mutter? Du liebst mich doch? Und Opa hast du doch auch sehr lieb? Er wäre einsam ohne mich und traurig."

Meine Mutter streichelte über mein Haar, was sie nicht oft tat.

„Anne, es ist nur für dein Wohl. Ich beobachte dein Verhalten schon lange und habe mich öfter gefragt, wie nur kann ich meiner Tochter helfen, sich besser zu entwickeln."

„Ich bin doch gut in der Schule und ich mache dir keinen Kummer, Mutter."

„Du verbringst zu viel Zeit mit deinem Opa, Anne. Ich habe entschieden, dich in ein Internat zu geben. Bereits in vier Wochen, nach dem du dein Halbjahreszeugnis erhalten hast, sehen wir uns gemeinsam die neue Schule an. Ich werde mir freinehmen und gemeinsam mit dir mit dem Zug hinfahren."

„Können wir nicht zuerst mit Opa über deine Idee sprechen und hören, was er dazu sagt?"

Mutter schüttelte energisch ihren Kopf. „Nein, Anne! Ich habe meinen Entschluss getroffen. Es ist nur zu deinem Wohl."

Der Schnee kam über unser Dorf und Opa nahm mich einmal mehr mit in den Wald. „Zieh dich warm an, Anne", mahnte Opa vor dem Ausflug. „Es gibt kein schlechtes Wetter, nur die falsche Kleidung", schickte er nach. Diese Sprüche kannte ich schon. Was mich als Kind oft nervte, greife ich heute selbst auf. Und ich darf lachen, wenn ich mich dabei erwische, die Weisheiten von Opa aufzusagen, meine Kinder damit belehren möchte. Wie sehr sich doch vieles bei der Erziehung wiederholt, denke ich oft.

„Die wenigen Tage, Anne, bis deine Mama dich in die neue Schule bringen wird, die verbringen wir noch gemeinsam."
Ich nickte Opa zu. Mir lag der Gedanke, in ein Internat zu gehen, wie ein Stein in meinem Magen. Einziger Trost für mich waren die gemeinsamen Stunden mit meinem Opa.
Unser Tag im verschneiten Wald war erlebnisreich. Schon der Hinweg, das gemeinsame durch den Schnee Stapfen, es machte mir große Freude. „Schau nur", meinte Opa, als wir an der großen Wiese vor dem Wald angekommen waren. „Wie schön die Schneeflocken auf die Erde fallen. In meinen Augen tanzen sie auf uns zu." Opa hob seinen Kopf und ich konnte lachen, als ich sah, die ersten Schneeflocken landeten auf seiner Nase.
Etwas später, nachdem ich mich an den Schneeflocken erfreut und ausgetobt hatte, sagte Opa. „Jetzt suchen wir im Schnee Spuren der Tiere."

Tatsächlich entdeckten wir auch eine Spur.

„Wie klein der Abdruck nur aussieht", war meine erste Reaktion. Opa lächelte milde und meinte: „Vergleiche deine Handfläche mit der Spur", was ich auch tat. In diesem Augenblick kam ich mir schon groß vor.

Einige Meter bin ich den Spuren im Schnee gefolgt, was mir wirklich Freude machte. Mein „Tier", das zu der gefundenen Spur gehören sollte, ich habe es leider nicht gefunden. Als ich mich etwas später umdrehte und sah, Opa umarmt wieder einen Baum, tat ich es ihm gleich. Die Tatsache, im nächsten Moment rieselte Schnee auf mich, der von den Ästen fiel, störte mich nicht. Mein Gesicht hielt ich ganz bewusst in Richtung Himmel, um die Schneeflocken zu sehen und aufzufangen. Meine Augen blinzelten unter den Schneeflocken und mit meiner Zunge fing ich einige der Flocken auf.

Noch heute liebe ich es, wenn es schneit, mein Gesicht in Richtung Himmel zu wenden. Schneeflocken, die sich auf meiner Nase, dem Mund, der Stirn niederlassen, bringen mich zum Lächeln.

Auch das schöne Märchen von Frau Holle hat Opa mir vorgelesen und ich liebte dieses Märchen. Für mich war es eine Inspiration zum Handeln. Mit meinen Marionetten habe ich versucht, eine Szene nachzuspielen. Dass ich dafür ein Kopfkissen brauchte, bzw. den Inhalt, die Federn, war doch selbstverständlich, zumindest für mich. Meine Mutter hatte leider kein Verständnis für mein Verhalten.

„Anne! Du hast nur Flausen im Kopf! Das schöne Kissen, jetzt fehlen die guten Federn, was hast du nur wieder angestellt?"

„Opa hat mir das Märchen von Frau Holle vorgelesen und ich habe nur versucht es nachzuspielen", war meine Entschuldigung. Leider kamen meine Worte nicht gut bei meiner Mutter an.

Auch an diesem Nachmittag habe ich mich wieder auf den Weg zu Opa gemacht. Er hat nur gelacht, als ich ihm von meinem neuen Spiel erzählt habe.

„Es hat auch so schön ausgesehen, als meine Marionette, meine Frau Holle, die Federn aus dem Fenster hat fliegen lassen."

„Behalte so lange es geht das Kind in dir, Anne. Erwachsen wirst du noch früh genug." Opa hatte immer Verständnis für mein Verhalten. Falls ich doch einmal, zumindest in seinen Augen, mich falsch verhalten habe, dann hat er in Ruhe mit mir über seine Empfindungen gesprochen.

Bei unserem Ausflug im Schnee hatte ich etwas später am Nachmittag auch Fuchsspuren entdeckt. Rasch suchte mein Blick erneut meinen Opa. Ich entdeckte ihn an einer für mich gewohnten Stelle. Mein Opa umarmte derweil noch immer einen Baum und sein Gesicht lag an der Rinde, er strahlte, soweit ich es im Schnee sehen konnte. „Opa, du musst zu mir kommen! Ich habe neue Spuren entdeckt."

„So, was für Spuren sollen das sein, Anne?", wollte Opa wissen, als er neben mir stand.

„Ich tippe auf einen Fuchs", meine Aufregung war groß.

„Richtig, Anne!", lobte Opa meine Antwort.

„Sollen wir warten, bis wir den Fuchs finden? Oder wir können auch gemeinsam den Spuren des Fuchses nachlaufen?" Ich war voller Tatendrang und hüpfte von einem auf das andere Bein vor Aufregung.

Opa schüttelte den Kopf. „Die dämmerungsaktiven Tiere werden wir jetzt nicht sehen", erklärte Opa mir im Anschluss. „Bis der Fuchs wieder zu sehen sein wird, Anne, liegst du sicherlich schon in deinem Bett."

Auf dem Nachhauseweg beschäftigte mich der Baum, den Opa zuvor umarmt hatte. „Es ist eine Eiche, Anne. Sie ist schon sehr, sehr alt." Kurz hörte Opa auf zu sprechen und wir gingen einen kleinen Weg schweigend nebeneinander. „Was die Eiche schon alles erlebt haben muss und gesehen hat", fügte er leise nach.

„Deshalb redest du mit der Eiche? Willst du etwas erfahren?" Meine kindliche Frage ließ ihn lächeln, wie so oft.

„Ich werde dir erzählen, was ich hören wollte und was ich tatsächlich erfahren konnte, jedoch noch nicht heute, Anne."

Nur vier Tage nach diesem Ausflug suchten Opa und ich wieder die Nähe des Waldes. Noch immer schneite es und die Kälte des letzten Ausfluges hatte ich noch gut in Erinnerung. Dieses Mal hatte ich neben Butterbroten auch Tee eingepackt. „Das letzte Mal war mir doch kalt geworden, Opa", nahm ich seine Hand in meine. „Obwohl ich mich warm angezogen hatte", fügte ich nach. Eigentlich hatte ich mit einem Kommentar von meinem Opa gerechnet, doch nichts geschah.

An diesem Tag war Opa nicht sehr gesprächig, was mich wunderte. Auf unserem Ausflug in die Natur habe ich Opa sehr in sich gekehrt erlebt und meine Bemühungen, ihn an diesem Tag aufzumuntern, fruchteten nur mühsam.

„Was beschäftigt dich, Opa? Du bist doch traurig? Habe ich recht?"

Opa blieb kurz stehen und nahm meine Hände in die seinen und ich erfuhr, was ihn beschäftigte. Erneut war ein Schulfreund von ihm verstorben. „Ich bin erschrocken, wie nahe der Tod schon an meinen Jahrgang gekommen ist. Schon drei Schulkammeraden sind allein in den letzten fünf Monaten verstorben", gab er mir Auskunft. Wir gingen im Anschluss weiter, Hand in Hand. Für den Moment blieben wir schweigend. Eine Weile später packte Opa den Tee aus und reichte mir einen Becher mit der heißen Flüssigkeit. „Das wird dir guttun, Anne." Er lächelte mich an. Ein Butterbrot legte er mir in die andere Hand.

„Jetzt kannst du nie mehr mit deinem Freund reden", habe ich beim Essen gesagt. Opa fing an zu lächeln und ich verstand seine Reaktion zunächst nicht. Eine Weile war ich auch mit meinem Essen beschäftigt und vergaß die Reaktion von meinem Opa. Außerdem gab es immer so viel Neues in der Natur für mich zu entdecken, dass ich rasch abgelenkt war.

„Meine Anne, schon mit der Geburt eines Kindes, das immer wieder ein Wunder darstellt, mit dem ersten Atemzug steht schon fest, einmal wird dieses Leben enden, früher oder später." Opa machte eine Paus und ich sah ihm zu, wie auch er in sein Brot biss. „Der Tag unseres Todes ist ungewiss und damit können viele Menschen nicht umgehen. Wir planen und legen viele Dinge in die Zukunft, in der Gewissheit, dann geht es uns noch gut."

So wie mein Opa sprach, es machte mir keine Angst. Seine Stimme war ruhig und ich kann mich erinnern, ich war es ebenfalls. Opa war im Krieg gewesen und hatte mir auch von dieser Zeit viel berichtet.

„Du bist in eine bessere Zeit geboren und wirst hoffentlich niemals einen Krieg erleben müssen."

Diese Worte habe ich sehr oft aus seinem Mund gehört. „Ein Krieg bringt nur Schmerz und Trauer, reißt Wunden auf, sät Hass. Es wird so vieles zerstört, nicht nur die Häuser der Menschen."

Wir aßen die Brote und tranken den Tee, der mich tatsächlich von innen wärmte.

„Haben die meisten Menschen vor dem Tod Angst?"

Meine Frage blieb zunächst unbeantwortet und Opa machte den Vorschlag, noch etwas zu wandern, jetzt, da wir so gut gestärkt waren von dem Essen. Mir war es lieb und zufrieden lief ich an seiner Seite über die mit Schnee bedeckte Wiese, bis wir wieder in den Wald eintauchen konnten. „Meine Haare sind ganz weiß", hüpfte ich vergnügt umher. Der Schnee hatte seinen Platz gefunden, nicht nur auf meinem Kopf. „Wir werden uns später an den Kamin setzen und wärmen", blickte Opa mich an. Dann gingen wir weiter, Hand in Hand. „Du hast deine Mütze zu Hause vergessen, das wird deiner Mutter nicht gefallen."

Ich nickte. „Vor dem Kamin werden meine Haare rasch trocknen und Mutter muss es nicht erfahren."

„Schau, dort sind wieder Tierspuren im Schnee", zeigte mir Opa die Stelle neben sich, wo er die Spuren entdeckt hatte.

„Was meinst du, Anne, zu welchem Tier können diese Spuren passen?"

„Zu einem Reh?"

Opa schüttelte den Kopf.

„Dann zu einem Wildschwein?

Er lachte laut. „Sehr gut, Anne. Trotzdem müssen wir uns ab heute mehr mit den Tierspuren beschäftigen. Du hast mir heute gezeigt, es gibt noch eine Menge für dich zum Lernen."

Später zeigte Opa auf einen großen Baum und wollte von mir wissen, wie er heißt. „Schau dir an, Anne, wie der Baum gewachsen ist. Eichen haben längliche Blätter, an deren Rand siehst du eine Art Zacken. Und wenn du genau hinschaust, dann fällt dir auf, außen sind die Zacken rund. Im Herbst fallen bei den meisten Bäumen die Blätter ab, Anne, das solltest du aber schon wissen", er blickte mich fragend an.

„Ja, Opa, das ist mir bewusst. Ebenso, dass die Früchte der Eichen die Eicheln sind. Und dieser Baum hier, vor dem wir gerade stehen, Opa, das ist eine Wintereiche."

Opa nickte mir zufrieden zu.

Ich habe von meinem Opa in liebevoller Art und Weise einen respektvollen Umgang mit der Natur gelernt. Ich kann sagen, ich habe gelernt, mich in der Natur wohlzufühlen.

„Die Zeit im Wald ist positiv für unser Wohlbefinden", sagte Opa nach einer Weile. „Menschen, die eine starke Naturverbundenheit empfinden, sind positiver als andere Menschen. Dadurch ist ihr Wohlempfinden auch erhöht, was gut für die Gesundheit ist."

Mir gefiel, was Opa mir sagte. „Dann wirst du sicherlich über 100 Jahre alt", gab ich meine Überlegungen frei. Ein lautes Lachen von meinem Opa folgte.

„Ich werde es zumindest versuchen", fügte er amüsiert nach. Ich war für den Augenblick zufrieden. Selbst meine Sorgen um das Internat waren nicht in meinem Kopf und ich spürte nur Zufriedenheit in mir.

Als ich selbst Mutter wurde, habe ich oft an diese Zeit zurückdenken müssen und mich gefragt, sind meine Kinder in ihrer Kindheit ebenso glücklich, wie ich es damals war?

Die Natur habe ich meinen Kindern auch nahe gebracht, so wie mein Opa es bei mir getan hatte.

Wir umarmen einen Baum

Meine Kenntnisse über die Pflanzen, die Sträucher und Bäume der Region, ich habe diese meinem Opa zu verdanken. Mit Sicherheit wurde auch in dieser Zeit meine große Liebe zur Natur geweckt, die ich bis heute erhalten habe.

„Komm, Anne, mach es mir gleich und umarme einen Baum", meinte Opa und ich sah, er tat es einmal mehr und umarmte einen Baum und strahlte dabei. Eigentlich war der Anblick nicht neu für mich und doch regte er mich zunächst zum Spielen an. Ich lachte, umarmte einen in meiner Nähe stehenden Baum, lachte erneut und eilte schon zu dem nächsten Baum. Belustigt hüpfte ich Minuten später weiter, suchte mir erneut einen anderen Baum und sang vor Freude vor mich hin. Meine Spuren, die ich dabei im Schnee hinterließ, sie schenkten mir ebenso Freude.

Mein Opa stand derweil die ganze Zeit an dem gleichen Baum, hielt diesen umarmt und strahlte vor sich hin. Seine Lippen bewegten sich, was mir aufgefallen war. Aber auch dieses Verhalten war mir nicht fremd. Opa sprach regelmäßig mit den Bäumen.

Auf dem Weg nach Hause fragte Opa mich, wie mir der Ausflug gefallen habe. „Es war lustig heute, besonders der Moment, als wir Bäume umarmt haben, das Spiel fand ich richtig schön." Auf meine Worte hin hatte Opa gelacht.

Es war kein Auslachen, nein, ein sanftes und verständnisvolles Lachen. Mein Opa hat es verstanden, mich aufzumuntern, mir die Welt um mich herum zu zeigen und

74

zu erklären, ohne dabei den Zeigefinger auszustrecken. Er hat mich ein Kind sein lassen und doch habe ich in diesen Jahren mehr gelernt, als ich zunächst vermutete. Jahre später, ich war schon eine Frau geworden, kamen Erinnerung hoch an gemeinsame Erlebnisse mit meinem Opa, die ich schon dachte vergessen zu haben. Meine Erlebnisse in der Kindheit haben mein Leben positiv geprägt, was ich auch immer meinen Kindern sage.

Ein paar Tage später

Opa und ich, wir waren erneut im Wald unterwegs, wir hatten gerade über die verschiedenen Arten der Bäume gesprochen, was mir noch gut in Erinnerung geblieben ist. In diesen Tagen bemühte sich mein Opa, mir noch viel beizubringen. „Wenn du erst im Internat bist, Anne, dann sehe ich dich nicht mehr täglich."

„Ich komme an den Wochenenden und in den Ferien zu dir, Opa."

Eine Weile sah er mich an und ich fand sein Gesichtsausdruck war traurig.

„Was ist das für ein Baum, Anne?" Mit einem Male trug Opa wieder ein Lächeln im Gesicht.

Ich überlegte eine kleine Weile, dann aber sagte ich stolz: „Es ist eine Birke, Opa." Er nickte mir zufrieden zu. „Woran hast du den Baum nun erkannt?"

„Ich habe die Birke an der weißen Rinde erkannt. Du hast mir schon oft erklärt, die meisten Menschen erkennen die Birke auf diese Weise."

„Die Bäume des Waldes zu kennen, Anne, ist wichtig. Nur wer die Natur kennt, eintaucht in die Tiefe, sich Wissen aneignet, der kann die Veränderung verstehen. Bäume zum Beispiel leiden auch unter Hitze und", weiter ließ ich Opa nicht ausreden.

„Umarmst du deshalb so viele Bäume, weil du sie verstehen möchtest?"

„Ja, Anne. Auch das Verstehen kann einer meiner Gründe sein, wieso ich so gerne in der Nähe eines Baumes bin, mich in der Natur aufhalte."

Opa strich über meine Haare. „Wir sollten wieder nach Hause gehen, Anne. Dein Haar ist erneut feucht geworden von dem Schnee. Ich werde dir bei unserem nächsten Ausflug eine neue Mütze kaufen."

„Ich trinke noch meinen Tee zu Ende", griff ich nach dem Rucksack.

„Für mich war es eine schöne Begegnung heute im Wald mit einem lieben Freund", hatte Opa auf dem Nachhauseweg noch betont.

Diese Worte machten mich hellhörig. Sollte ich etwas verpasst haben auf unserem Ausflug? „Wo war dein Freund? Ich habe ihn nicht gesehen?" Meine Verwunderung war groß. „Wieso hast du mich nicht zu dir gerufen, als dein Freund bei dir war? Habe ich in der Zeit Spuren gesucht und deshalb nichts mitbekommen?"

Opa nahm meine Hand.

„Schon vor langer Zeit ist mein Freund verstorben. Immer wieder ist es mir vergönnt, beim Eintauchen in die Natur, Menschen nahe zu kommen, die schon vor längerer Zeit verstorben sind. Weißt du, Anne, ich bin in der Lage in Kontakt zu kommen mit den Verstorbenen. Diese Fähigkeit besitzen nur sehr wenige Menschen. Den meisten Menschen macht diese Erkenntnis, diese Fähigkeit zu besitzen, Angst. Einige kommen in eine geschlossene Anstalt, da die Angehörigen ihnen kein Glauben schenken, die Menschen selbst nicht in der Lage sind, mit der Fähigkeit umzugehen, was sehr traurig ist."

Nach den Worten meines Opas gingen wir eine Weile weiter Hand in Hand. Es tat so gut, die Wärme seiner Hand zu spüren. Der Schnee hatte meine Haare und meine Hose durchnässt, ich fror.

„Menschen, die sterben gehen nie ganz von uns weg. Zumindest dann nicht, wenn wir in einem besonderen Verhältnis zueinanderstanden."

„Dann werde ich dich, meinen Opa, niemals verlieren", freudig strahlte ich Opa an, der für einen Moment nachdenklich wirkte.

„Ich will nicht in die neue Schule gehen, Opa. Meine Mutter sagt, es sei das Beste für mich." Traurig ging ich neben meinem Opa weiter. „Immerhin hat sie mir noch erlaubt, die wenigen Tage, bis das Halbjahreszeugnis kommt, in meine alte Schule zu gehen. Ich solle mich gut benehmen, hat Mutter betont. Findest du, Opa, ich benehme mich schlecht?"

Opa blieb kurz stehen, hob mit seiner großen Hand mein Kinn etwas hoch, sodass ich in sein Gesicht sah. „Du bist ein wunderbarer und wertvoller Mensch, Anne. Was ich habe tun können, ist fast vollbracht. Die Natur ist inzwischen zu einem Freund von dir geworden. Ob es dir vergönnt sein wird, eines Tages die gleiche intensive Empfindung zu spüren, die ich beim Eintauchen in die Natur habe, kann ich nicht vorhersagen. Eines aber weiß ich schon heute, du wirst immer mit Freude in den Wald gehen und kannst mit dem, was du siehst und erleben wirst, etwas anfangen."

Die wenigen Tage, die ich noch in der Nähe meines Opas weilen durfte, sie vergingen viel zu schnell. Mit Tränen in den Augen bin ich an dem Nachmittag zurück zu meiner Mutter gegangen, als ich wusste, der nächste Morgen ist der Tag der Abfahrt in die neue Schule. „In den Ferien wirst du deinen Opa doch wiedersehen", tröstete Mutter mich. „Und falls die Sehnsucht nach mir und Opa zu groß für dich wird, dann darfst du auch am Wochenende einmal nach Hause kommen."

„Ich mache mir aber große Sorgen um meinen Opa, Mutter. Er ist schon sehr alt und was passiert, wenn er stirbt, ohne dass ich an seiner Seite weile?"

Auf diese Frage sollte ich keine Antwort erhalten.

So, wie Mutter es vorgesehen hatte, meine Lehrerin es ihr zuvor empfohlen hatte, kam ich in ein Internat. Die gemeinsame Bahnfahrt mit meiner Mutter war für mich beklemmend. Mutter hatte Brote und Obst mitgenommen und war bemüht um eine Unterhaltung mit mir.

„Kann ich nicht doch bei dir und meinem Opa bleiben?"

„Das Internat wird gut für deine weitere Entwicklung sein, Anne, glaube es mir. Wenn du eine junge Frau bist und zurückdenkst, dann kannst du mein Handeln verstehen."

„Du passt bitte auf meinen Opa auf, ja?"

„An deine Oma denkst du nicht, Anne?" Erschrocken blickte ich Mutter nach ihren Worten an. „Doch, natürlich denke ich an meine Oma", einen Moment schwieg ich.

„Nur, Oma ist so anders zu mir als mein Opa. Er hat immer Verständnis für mich und wir machen schöne Ausflüge zusammen. Opa erklärt mir das Leben, er hört mir zu, wenn ich Kummer habe. Wir sind Freunde, Mutter." Erneut machte ich eine Pause. „Opa hat mir beigebracht, über den Tellerrand hinauszublicken, wie er es gerne betont." Ich musste kurz grinsen bei meinen weiteren Gedanken, die ich jedoch vor Mutter verschwieg.

Die Verabschiedung von meiner Mutter, nachdem wir im Internat angekommen waren, ging sehr schnell. „Ich muss meinen Zug zurück nach Hause erreichen", nach diesen Worten und einer kleinen Unterhaltung mit meiner neuen Lehrerin war Mutter weg. Ich fühlte mich einsam und ich war sehr traurig. Mutter hatte sich nicht einmal mehr umgedreht, als sie aus dem Raum gegangen war, in dem ich mit der neuen Lehrerin zurückgeblieben bin.

In den ersten Tagen war ich sehr ängstlich und tat mich schwer, neue Freundinnen zu finden. Zu meiner Freude wurde ich einer Lehrerin anvertraut, die wie mein Opa und ich die Natur liebte.

Frau Summel war nicht mehr die jüngste Lehrkraft in der Schule, sie verfügte jedoch über ein großes Allgemeinwissen und hatte ein gutes Herz. Immer wieder durfte ich eine Nachhilfestunde von ihr genießen, um dem Unterricht zu folgen, was mir half mich einzugewöhnen. Frau Summel war nicht entgangen, dass ich oft sehr traurig war und mich auch einsam fühlte.

„Wenn du ganz traurig bist, Anne, dein Heimweh nach deinem Opa dir Bauchschmerzen bereitet, dann blicke aus dem Fenster im Speiseraum, der einen Blick in den Wald freigibt. Du hast mir von deinen Ausflügen mit deinem Opa in die Natur erzählt, du kennst viele verschiedene Baumarten und kannst giftige von essbaren Pilzen unterscheiden. Dank deines Opas ist dir die Natur vertraut. Auch die Tiere des Waldes hat dein Opa dir nahebracht und dir viel über ihr Verhalten erzählt. Sei nicht traurig, Anne. Du kannst vom Grunde her sehr glücklich sein über die vielen schönen Momente, die du und dein Opa schon haben miteinander verbringen dürfen", für den Moment hielt sie inne und legte sanft ihre Hand auf mein Haar. „Blicke in den Wald und strahle vor Freude auf die Bäume, denke an deinen Opa und dann fühlst du dich nicht mehr so einsam."

Im Anschluss an ihre Worte ging sie und ich suchte das Fenster auf, blickte in den Wald und in der Tat spürte ich, mein Opa ist mir auch hier noch ganz nah.

Dank Frau Summel habe ich mich in den Tagesablauf in dem neuen Internat eingefügt. Ihren Rat, immer dann, wenn es mir nicht gut ging, aus dem Fenster zu sehen, habe ich befolgt. Der Blick in den Wald gab mir Ruhe und so oft ich durfte, bin ich hinaus in die Natur gelaufen, einfach durch den Wald spaziert, ebenso, wie ich es all die Jahre zuvor mit meinem Opa gemeinsam gemacht habe. Bevor ich zurück in das Internat bin, habe ich jedes Mal einen Baum umarmt und an meine Zeit mit meinem Opa zurückgedacht. In diesen Minuten habe ich Kraft geschöpft und bin in der Gewissheit zurück in das Internat, ich bin nicht allein.

Vorahnung

Eines nachts habe ich schlecht geschlafen und wirr geträumt. Mein Opa kam in meinem Traum vor und er hat nach mir gerufen, immer wieder. In meinem Traum habe ich versucht, ihm entgegenzulaufen mit ausgebreiteten Armen. Jedoch waren meine Bemühungen fruchtlos. Meine Beine schienen wie angeklebt zu sein und ich kam keinen Schritt meinem Opa näher, so sehr ich mich auch bemühte. Eigenartig war auch der Geruch, der in meiner Nase lag, den ich nicht kannte. Es war kein angenehmer und frischer Geruch. Mir war sofort bewusst, mit diesem Geruch kommt eine traurige Nachricht auf mich zu. Um dem Geruch zu entkommen, wurden meine Versuche, in Bewegung zu kommen, heftiger. Immer wieder sah ich meinen Opa vor meinen Augen, den ich erreichen wollte. In den Traum mischte sich immer wieder ein helles Licht, das meinen Opa umgab. Vom Grunde her strahlte es um den Körper meines Opas herum und doch machte mir das Licht, der Geruch, der gesamte Traum Angst. Am folgenden Morgen habe ich mich Frau Summel anvertraut.

„In der letzten Nacht hatte ich einen seltsamen Traum und das war noch nicht alles, was mich beunruhigte."

„Erzähl mir von deinem Traum, Anne", hatte Frau Summel mir einen Kakao gekocht.

„Muss ich nicht jetzt in meine Klasse?"

Sie schüttelte den Kopf. „Nicht jetzt, Anne. Zuerst höre ich dir zu."

„Gestern Abend habe ich alles so gemacht wie immer. Vor dem Einschlafen habe ich meine Zähne geputzt, meine Haare gekämmt und dann habe ich mich in mein Bett gelegt." Ich machte eine Pause und nahm erneut einen Schluck Kakao. Frau Summel wartete geduldig darauf, dass ich weitersprach.

„Ich bin auch rasch eingeschlafen, soweit war alles normal und vom Ablauf wie immer. Für mich ist es auch nicht ungewöhnlich zu träumen, das passiert mir öfter. Nur dieser Traum, er war ungewöhnlich und anders als alle Träume, die ich bisher hatte."

„Dann erzähle mir nun von deinem Traum."

„Mit einem Male habe ich ein helles Licht gesehen. Mein Interesse war geweckt und ich sah mich im Traum auf das Licht zugehen. Erst, als ich dem Lichtstrahl ganz nahe war, meine Augen konnte ich kaum noch offenhalten, so sehr blendete der Strahl meine Augen. Was ich dann sah, es erfreute mich zunächst, im nächsten Moment aber …", kurz musste ich Luft holen und mich beruhigen, ich war sehr aufgeregt.

„Sprich langsam weiter, Anne."

„In dem Lichtstrahl sah ich meinen Opa. In dem Moment, als er sich zu mir umdrehte, meinen Namen rief, da empfand ich Freude und trug die Hoffnung in mir, meinem Opa bald wieder ganz nah sein zu dürfen. Dann aber musste ich zusehen, wie sich Opa wieder umdrehte und durch das Licht auf eine andere Seite ging, die ich nicht erkennen konnte. Meine Versuche, Opa zu rufen, ihn zum Stehenbleiben zu bewegen, sie missglückten. Mein Opa drehte sich tatsächlich noch einmal kurz zu mir, er winkte mir erneut zu und ich konnte sehen, er strahlt über sein Gesicht, ihm schien es sehr gut zu gehen. Trotzdem war ich verwundert über seine Reaktion, die neu für mich war. Bisher war mein Opa immer zu mir gekommen, hat auf mich gewartet, wann immer ich ihn gerufen habe. Dieses eine Mal war es anders. Meine Augen schmerzten durch den hellen Sonnenstrahl. Mit meinen Händen versuchte ich, meinen Augen Schatten zu spenden. Mein Wunsch war es, zu sehen, wo ist mein Opa. Wohin führt ihn sein Weg und wieso geht er nicht auf mich zu, sondern in die entgegengesetzte Richtung. Seine Schritte lenkte er unaufhörlich weiter, immer weiter von mir fort. So sehr ich mich bemühte und beeilte, versuchte, meine Schritte zu beschleunigen, wurde der Abstand zwischen uns immer größer. Jeder Versuch, ihn zu rufen, es fruchtete nicht. Mir kam es so vor, als würden meine Rufe in einem Nichts verhallen."

Noch einmal musste ich eine Pause einlegen. Mein Körper zitterte. „Werde ich krank, Frau Summel? Was ist nur mit mir los? Erst dieser schreckliche Traum und jetzt fühle ich mich matt und müde."

Frau Summel legte ihre Hand auf meine Hand und für wenige Sekunden spürte ich die Wärme, die ich immer gespürt hatte bei den Berührungen meines Opas.

„Erzähle weiter, Anne."

„Opa ging aus dem Lichtstrahl raus und trat in eine andere Ebene ein. Von weitem konnte ich mit einem Male eine blühende Wiese sehen und Vögel, die herumflogen, ebenso Schmetterlinge, die sich von einer Blüte auf die nächste setzten. Mein Opa, so beobachtete ich, hatte seine Freude beim Beobachten der Tiere. Niemals zuvor habe ich eine so wunderschön prachtvoll blühende Wiese gesehen. Opa hatte keine Schuhe an, er ging barfuß, daran kann ich mich gut erinnern. Für diesen Moment spürte ich Freude in mir und ich dachte noch, wenn ich es schaffe, mich zu bewegen, meine Schritte beschleunige, dann werde ich bald auch die wunderschöne Wiese erreichen und mit Opa wieder zusammen sein. War ich zuvor noch wie angeklebt mit meinen Füßen, so kam ich mit einem Male in Bewegung. Meine Schuhe streifte ich schon im Laufen ab. Meine Augen lagen fest auf meinem Opa und jeder Schritt schien mich jetzt endlich zu ihm zu bringen." Erneut machte ich eine Pause.

„Deine Stirn ist heiß, Anne", besorgt sah mich Frau Summel an. „Trink deinen Kakao leer und dann gebe ich dir noch ein Glas Wasser."

Mein Nicken sollte ihr als Antwort genügen. Ich musste weitersprechen, von der Seele lassen, was mich bedrückte. Frau Summel spürte dies und ließ mich gewähren.

„Beim Eintauchen in das Innere des Lichtstrahls war ich so sehr geblendet, ich musste meine Augen verschließen und fiel dadurch auf den Boden. Dieser fühlte sich hart an, steinig und gleichzeitig sehr warm. Ungewöhnlich warm, wie ich direkt dachte. Doch das Schlimmste für mich war der Geruch, der sich mit einem Male in meine Nase schlich und mich wie leblos auf dem steinigen Boden liegen ließ. Heute am Morgen, als ich aufwachte, mir den Schweiß von meiner Stirn rieb, dachte ich zunächst, es war zum Glück nur ein komischer Traum, mehr nicht. Dann aber hatte ich erneut den Geruch in meiner Nase, der mich an den Tod denken lässt."

Frau Summel blickte mich lange an.

„Was kann mein Traum, was kann der komische Geruch, der seither in meiner Nase liegt, bedeuten? Ist es möglich, den Tod vorherzuahnen? Und wenn ja, wen werde ich verlieren?", an der Stelle unterbrach ich meine Worte. „Ich muss zu meinem Opa, er braucht mich jetzt."

„Du darfst für drei Tage mit der Eisenbahn nach Hause reisen, Anne", war die Antwort von Frau Summel. Meine zuvor gestellte Frage blieb offen. „Ich bringe dich an die Bahn und werde dir ein Ticket kaufen." Frau Summel half mir auch meine Tasche zu packen und sie dachte an eine Flasche Wasser für die Bahnfahrt und ebenso an ein Brot für mich.

Zu Hause angekommen

„Anne! Woher weißt du schon, dass es deinem Opa nicht so gut geht? Ich wollte dich noch nicht im Internat anrufen und warten", meine Mutter kam ins Stocken. Sie hatte mich an der Bahn in meinem Heimatdorf abgeholt. „Als deine Lehrerin mich anrief, mir sagte, du sitzt in der Eisenbahn und bist auf der Fahrt zu deinem Opa, ich war mehr als überrascht." Mutter sah besorgt aus.

„Opa geht es nicht gut?"

Mutter nickte nur auf meine Frage. „Mit Oma muss ich auch noch zum Arzt fahren, sie war gefallen", teilte Mutter mir mit. „Danach muss ich noch Erledigungen machen."

Mir war es nicht so wichtig, was meine Mutter nun erledigen musste, ich wollte nur so schnell wie möglich zu meinem Opa, was ich auch sagte.

„Sicherlich wird sich dein Opa wieder erholen, Anne. Es ist nicht die erste Grippe, die ihn schwächt und an sein Bett fesselt", meinte Mutter. Ich sah ihr skeptisch in die Augen. „Der Geruch in meiner Nase verspricht nichts Gutes, Mutter. Ich habe Angst, meinen Opa zu verlieren."

Am Sterbebett

Mein Opa lag in einem großen Holzbett, das mitten in der guten Stube stand. Da dies der einzige Raum in dem kleinen Haus meiner Großeltern war, der ständig beheizt war, wurde eines Tages das Bett neben das Sofa gestellt. Es war praktisch und ich habe als Kind auch keinen Gedanken an ein Warum verschenkt oder an die Überlegung, wie zugestellt dadurch das Zimmer nun war. Für mich war nur wichtig, meinem Opa geht es gut, er liegt in einem warmen Zimmer und muss nicht frieren.

Eine Weile habe ich ihn nur beobachtet, wie er so in seinem Bett lag und schwer atmete.

Um meinem geliebten Opa die Zeit zu verschönern, habe ich angefangen ihm vorzulesen. „Hast du einen bestimmten Wunsch, Opa, was ich dir vorlesen soll?"

Ausgerechnet das Märchen von Frau Holle wollte er hören, was mich doch zum Schmunzeln brachte. „Du erinnerst dich an den Tag, als ich das Märchen nachgespielt habe?" Opa zeigte ein sanftes Lächeln auf meine Worte und ich tat, was er von mir verlangte, und las ihm das Märchen vor. Seine knochigen Hände lagen auf der Bettdecke und waren ständig in Bewegung. Unruhe breitete sich in dem Körper von Opa aus, was mir nicht entging.

Ich nahm die Hände von Opa in meine Hände und erschrak zunächst über die Kälte, die diese ausstrahlten.

„Bald ist es so weit, Anne", röchelte Opa. Seine Augen zeigten noch immer die gewohnte Wärme, was mich beruhigte. „Du sollst noch nicht von mir gehen", streichelte ich über seine Wange. „Ich werde aber gleich abgeholt, Anne."

An diese Worte kann ich mich noch gut erinnern.

Verliert man eine Person, die einem sehr nahe war, ist die Trauer sehr groß. Man fühlt sich leer und alleingelassen, eine Leere breitet sich aus. Einige Menschen fallen in Depressionen und brauchen Hilfe bei der Trauerbewältigung. Von einem auf den anderen Tag steht das Leben auf dem Kopf, geliebte Rituale sind nicht mehr auszuführen, sie fehlen uns. Oft habe ich von dem Versuch gehört, per Telefon in Kontakt zu kommen. Spontan wurde zum Telefon gegriffen, der Wunsch, den geliebten Menschen anzurufen, kam unvermittelt und erst beim Wählen kam die Realität in das Bewusstsein, der geliebte Mensch ist verstorben. Was zuvor so eine Selbstverständlichkeit war, sie ist uns genommen.

Ich habe mit einigen Bestattern in den letzten Jahren, seit ich erwachsen bin, gesprochen. Mich hat interessiert zu hören, wie gehen Sie mit dem Tod um. Gerade diese Berufsgruppe erlebt die Trauer der Menschen sehr intensiv. Sie sind ja besonders nahe in der ersten Zeit der Trauer bei den Hinterbliebenen. Wie wichtig doch dieser Berufszweig ist, wird uns bewusst, wenn wir die erste Beerdigung organisieren müssen. Der erste Abschied von einem lieben Menschen wird für immer in den Erinnerungen bleiben.

Immer wieder treffen Bestatter auf neue Situationen, müssen sich bei jeder Beerdigung auf einen neuen Ablauf einlassen und sich auf die Angehörigen einstellen. Bei diesem Beruf ist sehr viel Feingefühl gefordert.

Was kommt nach dem Tod?

Es gibt immer wieder Hinweise auf ein Leben nach dem Tod. Menschen, die eine Nahtoderfahrung gemacht haben, berichten davon. Die großen Religionen sprechen vom Leben nach dem Tod. Wieso nur soll dieses Weiterleben unserer Seelen nur im Himmel stattfinden, so wie wir es in den Schulen gelernt haben? Muss ich glauben, was ich als Kind berichtet bekommen habe, oder habe ich das Recht auf meine eigene Meinung zu diesem Thema? Eine weitere Frage lautet: Darf ich zulassen und akzeptieren, ich bin anders und ich habe Fähigkeiten, die vielen Menschen Angst bereitet. Meine Antwortet ist: ja!

Nicht selten finden Begegnungen zu Verstorbenen bei Hinterbliebenen im Traum statt. War die Verbindung zu Lebzeiten sehr innig und eng, ist dies nicht ungewöhnlich. Was viele Menschen zunächst als einfachen Traum abtun, als Laune der Natur betrachten, kann auch ein Zeichen sein, für eine Kontaktaufnahme.

Traurig ist nur, viele Menschen haben nicht den Mut, dies zu glauben, zuzulassen, dass ein geliebter Mensch, der doch verstorben ist, noch mit uns im Kontakt steht, uns auch weiterhin begleitet, an unserer Seite weilt.

Die Erinnerung an einen geliebten Menschen sollten wir uns immer im Herzen bewahren. Am Sterbebett meines Opas liefen viele meiner Erinnerungen an gemeinsame Stunden wie in einem Film vor meinem geistigen Auge ab.

Opa hatte sehr oft mit mir über den Tod gesprochen und mir seine Ansichten dazu mitgeteilt, ohne mich zu beeinflussen. „Du musst dir selbst deine Gedanken über ein Leben nach dem Tod machen, Anne. Für mich ist alles geregelt und ich lebe im hier und jetzt sehr glücklich."

Die meisten Menschen, so bin ich überzeugt, haben Angst vor dem Tod und dem Sterben. Sie möchten zu Lebzeiten nichts mit dem Thema zu tun haben, soweit es eben möglich ist. Der Glaube kann Trost schenken und die Gewissheit auf ein Leben nach dem Tod ebenso. Eine Trennung von Geist und Körper findet beim Sterben statt. Auch wenn der Körper stirbt, lebt unser Geist weiter.

Nur der Körper ist vergänglich, nicht aber seine Seele. Auch daran dachte ich am Sterbebett meines Opas und schöpfte Hoffnung auf eine baldige Begegnung mit Opas Seele. Der Zerfall seines Körpers war nicht zu leugnen und auch wenn es mir schwerfiel, wusste ich schon in diesen Minuten, für Opa ist der Tod eine Erlösung, ein Weg in eine neue Zukunft. Offen für neue Wege war Opa immer und daher, so meine Überzeugung, wird er diesen Weg auch finden.

„Mit dem leiblichen Tod auf Erden endet nur das Dasein eines Menschen. Die Seele, liebe Anne, sie lebt weiter." Opa hat erst vor wenigen Wochen diese Worte noch einmal zu mir gesagt. Ich hatte genickt und geantwortet: „Ja, Opa, das weiß ich aber doch schon alles."

„Eines Tages wirst du dich noch einmal an meine Worte erinnern."

„Wenn ich im Internat bin, Opa, dann sehen wir uns nicht mehr täglich, das ist es, was mir Angst bereitet."

„Trotzdem bleiben wir miteinander verbunden, Anne. Ich werde jeden Tag an dich denken und wann immer es deine Zeit in der Schule zulässt, denkst du an mich. Immer dann, wenn wir in den Wald gehen, in die Natur eintauchen, sind wir im Geiste miteinander verbunden."

Mir gefiel, was mein Opa mir sagte, und wie erwähnt, dank Frau Summel habe ich im Internat einen lieben Menschen an meiner Seite gefunden und mich eingelebt.

Vor meiner Abreise ins Internat sprach Opa sehr viel vom Tod. „Ich bin ein alter Mann und falls mir das Ende schneller begegnen sollte, als mir lieb ist, Anne, dann denke bitte daran, meine Seele lebt weiter."

Meine Gedanken wanderten zurück zu diesem Nachmittag, wo Opa von dem bevorstehenden Tod sprach. Zunächst habe ich versucht, meinen Opa abzulenken. „So schnell wird der Tod dich nicht aufsuchen, Opa. Die nächsten Ferien verbringen wir gemeinsam."

Eine Weile später, wir spielten einmal mehr eine Partie Schach und saßen in der Gartenlaube, meinte ich: „Opa, du hast vorhin davon gesprochen, auch nach dem Tod bleibt deine Seele in meiner Nähe. Bedeutet das für mich, das wir alle unsterblich sind, habe ich das richtig verstanden?"

Opa lehnte sich nach meinen Worten zurück, pustete ein paar kleine Wölkchen mit seiner Zigarre in die Luft und nickte zufrieden. „Du wirst mich nie verlieren, Anne", versprach er mir. „Wichtig jedoch ist, du musst daran glauben, dass meine Seele hier auf Erden einen neuen Platz finden wird und wir uns wiederbegegnen, kannst du das?"

Ich antwortete nur mit einem Nicken.

„Du willst aber noch nicht sterben?" Meine Frage ließ Opa zusammenzucken.

„Ich bin nicht mehr der Jüngste", hüstelte er nach.

„Für mich bist du jung und ich liebe dich", meine Worte brachten ihn zum Strahlen und ich war für den Moment zufrieden. An diesem Tag habe ich zwei Partien Schach gegen meinen Opa gewonnen. „Du bist heute nicht richtig konzentriert", habe ich beim Zusammenpacken des Spiels gelacht.

„Vielleicht liegt es einfach daran, Anne, dass du inzwischen eine sehr gute Spielerin geworden bist und von mir nichts mehr lernen kannst."

„Oh, da muss ich ja an meine Idee mit der Wette denken, du erinnerst dich, Opa? Ich will den Sensenmann zu einer Partie Schach überreden."

Opa lächelte milde und schwieg kurz.

„Wenn du einmal heiratest, Anne, dann bin ich schon nicht mehr am Leben", diese Worte aus dem Mund meines Opas, sie hallen noch heute in meinen Ohren. „Trotzdem werde ich dich auch in diesen Stunden begleiten und immer im Auge behalten."

All diese Erinnerungen sind in meinem Kopf, als Opa so vor mir lag in seinem Bett, kraftlos und erschöpft nach Luft röchelte, ich seine Hand in meinen Händen hielt. Mir kamen Bilder vor mein geistiges Auge, die Opa und mich im Wald zeigten. Im Schnee und ebenso bei den vielen Spaziergängen in die Natur im Frühling und im Sommer. „Jede Jahreszeit hat ihre Besonderheit", hörte ich Opa oft sagen. Für mich als junger Mensch war es schwer, in diesem Moment zu verstehen, wie ein Körper eines Tages zerfällt, die

Kraft schwindet und ein Mensch spürt, meine Zeit zu sterben ist gekommen. Als Kind hatte ich das Gefühl, alles ist unendlich, auch das Leben meines Opas.

„Deine Zeit ist noch nicht gekommen!", habe ich am Bett meines Opas geschrien, da ich nicht loslassen wollte. Auch konnte ich noch nicht begreifen, dass ausgerechnet zu dieser Stunde die Sanduhr von Opa abgelaufen sein sollte. Die Anzeichen waren nicht zu verleugnen, Opas allgemeiner Zustand wurde immer schlechter. Er sackte in sich zusammen, die Hände verfärbten sich blau und sein Blick wurde hohl.

Mit einem Mal wurde meine Aufmerksamkeit auf das Fenster in der guten Stube gelenkt.

Noch heute habe ich in Erinnerung, dass sich die Gardine in der guten Stube mit einem Male bewegte. Unvermittelt war mein Blick von Opa zu der Gardine gewandert. Ein Schauern überkam mich, ich wusste aus den Erzählungen von Opa, was kommen wird.

„Ich werde abgeholt", sagte mein Opa und in seiner Stimme klang kein bisschen Angst mit. „Wir haben doch darüber gesprochen, Anne, erinnerst du dich nicht mehr? Ich bin und bleibe in deiner Nähe, du musst nur etwas nach mir suchen, dann findest du mich und in der Zwischenzeit blicke ich auf dich, bin stumm an deiner Seite."

Mir kam Schweiß auf meine Stirn und in meiner Verzweiflung fing ich an zu beten. Erst das „Vater unser im Himmel" und im Anschluss „Gebenedeit seist du, Maria". Im Religionsunterricht wurde es mir so beigebracht und beim Beichten half es doch auch zur Vergebung meiner Sünden. Derweil röchelte Opa vor sich hin, ich hielt seine knochigen Hände. Hin und wieder suchten seine Augen meinen Blick. Noch immer sanft wirkte er auf mich, auch im Angesicht seines Todes.

Mit einem Male hatte ich wieder den Geruch in der Nase, der mir schon in meinem Traum begegnet war. Jetzt war ich mir sicher, es ist der Geruch des Todes. So also riecht ein Mensch vor seinem letzten Atemzug.

Eine Biene kam in das Zimmer und setzte sich auf die Bettdecke meines Opas. Meine erste Reaktion, die kleine Biene zu verscheuchen, wurde von Opa verhindert. „Sie hat auch eine Sanduhr und kann nur die Stunden nutzen, die vorgeben sind. Las die Biene leben." Ich antwortete Opa mit einem Nicken. Die Biene blieb noch eine Weile auf der Bettdecke sitzen, dann aber schwirrte sie durch das Zimmer. Eine Weile haftete mein Blick auf ihr und ihrem Handeln.

Als die Tür zu der guten Stube aufgerissen wurde, musste ich schreien, dachte ich doch, der Sensenmann stehe leibhaftig vor mir. Es war aber nur der Pfarrer, der endlich kam, um meinem Opa die letzte Ölung zu geben.

„Es gibt Dinge zwischen Himmel und Erde, die wir nicht erklären können, und doch sind diese real. Du musst nur daran glauben, Anne." Opa musste sich bemühen, diese Worte auszusprechen. Der Pfarrer sah ihn nicht besonders fröhlich an und sein Blick, der im Anschluss auf mir ruhte, zeigte, er hatte meinen Opa nicht verstanden. Ich jedoch hatte die Botschaft meines Opas aufgenommen.

„Ja, Opa, ich habe deine Worte verstanden und ich glaube an ein Wiedersehen", stellte ich mich wieder neben ihn an sein Bett.

Mein Opa war für mich ein Lieblingsmensch, an den ich auch heute noch gerne denke. Unvorstellbar war für mich, diesen wunderbaren Menschen eines Tages nicht mehr sprechen, sehen und anfassen zu können. Mein Gefühl, als Kind an seinem Sterbebett, es war alles wie in einem Theaterstück für mich. Meine Rolle war die einer guten Fee, die einen letzten Wunsch dem Sterbenden erfüllen wollte.

Sehr lange habe ich mir Vorwürfe gemacht, als Fee versagt zu haben. Wieso nur konnte ich Opa nicht retten, ihn nicht festhalten? Ich war davon überzeugt, dass dies der letzte Wunsch von Opa war. Ich hatte meine Aufgabe nicht erfolgreich ausgeführt und somit versagt. Neben den Verlustängsten schlichen sich auch Vorwürfe in meinen Kopf, nicht richtig gehandelt zu haben.

Es hat sehr lange gedauert, bis ich verstand, Opa ist mit sich im Reinen von der Erde gegangen und seine Gewissheit, wir werden uns nie ganz verlieren, wurde zu meiner Stütze.

Auch dieser Traum sollte
eine Botschaft beinhalten

Über die Jahre hinweg begleitete mich immer wieder ein und derselbe Traum.

In meinen Träumen habe ich den seidenen Faden gehalten, der Opas Leben hielt und lenkte. Noch an seinem Sterbebett wollte ich den Sensenmann zu einer Partie Schach mit mir überreden, in der Gewissheit, ich gewinne und Opa bleibt bei mir. Leider aber ging der Sensenmann nicht auf den Vorschlag ein und stattdessen legte er mir unvermittelt die seidenen Fäden in meine Hände, die über das Leben von meinem Opa bestimmten.

Mir lag selbst im Traum der Schweiß auf meiner Stirn. Ich war bemüht, die seidenen Fäden nicht aus den Fingern gleiten zu lassen, Opa auf dem richtigen Pfad zu lenken, dies kostete mich unermessliche Kraft. Auch bei diesem Traum spielte das helle Licht, das ich vor dem Tod von Opa schon einmal im Traum gesehen habe, eine Rolle. Alles war so realistisch, jeder Traum war von seinem Ablauf so, als lebte ich in meinem Traum und handelte aktiv.

Oft bin ich aus diesen Träumen schweißgebadet aufgewacht und fand Stunden später noch keine Gelegenheit, erneut einzuschlafen.

„Du musst deinen Opa loslassen, Anne", riet mir meine Mutter, nachdem ich mich eines Morgens ihr anvertraut hatte. „Er ist tot und hat sicherlich einen Platz im Himmel gefunden." Damit war für sie das Thema durch, nicht aber für mich. Meine Fragen, ob sie nicht an ein Leben nach dem Tod hier unter uns Menschen auf der Erde glaube, hat sie mit Kopfschütteln beantwortet.

„Opa hat dir immer Flausen in den Kopf gesetzt, Anne. Er ist im Himmel und so sagt es auch der Pfarrer. Wer gut zu Lebzeiten zu seinen Mitmenschen war, der findet im Tod seine Ruhe."

Mir fiel das Karma ein, auch hierüber hatte ich mit Opa gesprochen. Noch einmal kamen die Worte meines Opas in mein Gedächtnis:

„Überlege dir einmal pro Woche, was du Schönes erlebt hast, ebenso aber auch, was du verpasst hast zu erleben, um dann in der kommenden Woche bewusster zu leben."

Diesen Rat von meinem Opa befolge ich noch heute. Jeden Sonntagmorgen nehme ich mir eine Stunde Zeit nur für mich.

Mein Weg führt mich in den Wald, zu meiner Eiche, wo ich mich Opa ganz nah fühle. Hier finde ich die Ruhe zum Nachdenken, ziehe mein persönliches Resultat für die vergangene Woche, um im Anschluss schon Pläne und Wünsche für die kommende Woche zu finden.

Für mich ist dies ein Ablauf, der mir Ruhe schenkt und mir zeigt, was in der vergangenen Woche wichtig für mein Leben war und was und insbesondere wen ich aussortieren kann und muss, um in der Zukunft in Ruhe zu leben.

Auf diese Weise schaffe ich es, weniger Zeit zu verlieren, die ich zuvor nicht sinnvoll eingesetzt habe. Wichtig ist mir, viel Zeit für besondere Momente in meinen Alltag einzuplanen und daher gehe ich sehr bewusst an Einladungen und geschäftliche Termine heran. Abwägen, was tut mir gut, insbesondere „wer" mir gut tut, bringt Licht und Freude in meinen Alltag und hilft mir, mein Leben mit Freude zu leben.

„Anne, verbiege dich für niemanden. Bleibe dir und deinen Wünschen treu, ebenso deinen Werten. Achte immer auf deinen Bauch und deine innere Ruhe."

Opa war so aufgeschlossen, so weise. Dank ihm habe ich einen Blick auf das Leben gefunden, der mir hilft glücklich zu sein. Neben meinem Sonntagsritual, meinem Besuch der Eiche, nehme ich mir an drei Tagen in der Woche die Zeit zum Joggen. Hierbei finde ich meine innere Zufriedenheit, mein Kopf kann abschalten von den Sorgen des Alltags und beim Eintauchen in die Natur finde ich nicht nur meine innere Ruhe, sondern empfinde auch Glück. Schon beim Anziehen meiner Turnschuhe kann ich die Freude spüren, gleich meine persönliche Freizeit zu genießen, etwas nur für mich tun zu können.

Wenn ich mein Haus verlasse und alsbald in die Natur eintauche, erinnere ich mich immer wieder an meine Kindheit, an meine Ausflüge mit Opa. Keinen Tag an der Seite meines Opas möchte ich in meinen Erinnerungen missen.

Die frische Luft einzuatmen, immer wieder der Natur ganz nahe zu sein, ist wie ein Kraftwerk für mich. Jede Jahreszeit hat einen Vorteil. So, wie Opa es mir erklärte in Kindertagen, verhalte ich mich noch heute. Nicht das Wetter ist mein Problem, sondern die ausgewählte Kleidung.

Ein weiteres Plus beim Eintauchen in die Natur ist für mich die Gewissheit, mein Kopf wird frei von Sorgen. Das, was ich sehe in der Natur, es lenkt mich von meinen Sorgen des Alltags ab und ich schöpfe Kraft für die folgenden Tage. Gelassenheit breitet sich in mir aus, sobald ich in der Natur weile.

Von Opa habe ich auch gelernt, Tatsachen, die ich nicht ändern kann, zu akzeptieren. Ebenso Menschen auszusortieren, die mir schaden. Es ist sehr einfach, für sich herauszufinden, welche Menschen einem guttun und welche uns schaden. Hören Sie auf Ihr Bauchgefühl im Umgang mit Mitmenschen. Abstand zu negativen Menschen zu halten, ist zunächst mit einem Gefühl des Verlustes zu vergleichen, zumindest dann, wenn man sich zuvor nahestand. Wie zum Beispiel durch eine familiäre Verbindung oder eine zuvor innige Freundschaft. Bereits nach wenigen Tagen werden Sie jedoch spüren, das Loslassen eines negativen Menschen bringt Ihnen Freiheit und innere Ruhe. Besonders die innere Ruhe ist von unermesslichem Wert für Ihre Gesundheit. Sie werden an Freiheit gewinnen, zu längst verlorenen Glücksmomenten zurückfinden. Alles Negative gehört raus aus einem glücklichen Leben.

Etwas Abstand halten bedeutet nicht automatisch, mit einem Menschen zu zanken, oft reicht es schon aus, einfach dem anderen Menschen, der negativ auf uns wirkt, aus dem Weg zu gehen, ihm keine Zeit mehr zu schenken.

Denken Sie an sich, an Ihr Glück, an Ihre innere Zufriedenheit.

„Nur wer sich selbst liebt, kann auch von anderen Menschen geliebt werden", habe ich oft von Opa gehört.

Wirklich dankbar bin ich, all diese Lebensweisheiten von meinem Opa gelernt zu haben. Hierin wird auch der

Schlüssel für seine Gelassenheit und Lebensfreude gelegen haben, die er zu Lebenszeiten gezeigt hat. In meinen Erinnerungen trug mein Opa sehr oft ein Lächeln in seinem Gesicht.

Die letzten Minuten

An der Seite von Opa musste ich an die vielen schönen Ausflüge denken, die wir gemeinsam erlebt haben. „Ich möchte diesen wunderbaren Menschen noch nicht gehen lassen", waren meine Gedanken. Und doch wusste ich, es gibt kein Aufhalten, kein Aufschieben, Opa wird sterben.

Schon fast komisch war, Opa hatte sich vor geraumer Zeit eine Sanduhr gekauft und diese auf einen kleinen Tisch neben sein altes Holzbett gestellt. Mein Blick haftete sich an dieser Sanduhr fest, die als Symbol für die verbleibende Zeit eines jeden Lebens, für die Spanne im Leben, die uns noch zur Verfügung steht, gilt. Mir machte der Anblick Angst und ich musste daran denken, wie schnell doch alles vorbei sein kann. Wie rasch sich doch das eigene Leben ändern kann, wenn eine Sanduhr das letzte Korn erreicht hat, früher als von uns erwartet.

Opa atmete unruhig, meine Augen wanderten wieder zu ihm und ließen kurz die Sanduhr außer Acht. Meine Bemühungen, ihn mit einem Lächeln aufzumuntern, sie fruchteten nur kurz. Opa lenkte seinen Blick auf die Sanduhr und bat mich, diese noch einmal umzudrehen, damit der Sand erneut durch die kleine Öffnung rinnen kann. Er wollte dieses Spiel bewusst noch einmal sehen.

„Mein Ende kommt", sprach er leise. Ich tat, was Opa sich von mir wünschte, und drehte die Sanduhr um. Langsam glitt im Anschluss der Sand durch die Sanduhr. Mit Unruhe verfolgte ich dieses Szenario. Zunächst dachte ich mir: „Niemand anderes als ich selbst hat die Sanduhr gedreht, was bitte soll der rinnende Sand mir schon sagen?", und doch sagte mir jeder neue Blick auf die Sanduhr, die Zeit von Opa verrinnt, viel zu schnell. Viel schneller, als es mir lieb ist, schneller, als ich es glauben und wahrhaben sollte und mochte.

In der Nacht nach seinem Ableben war Opa auch in meinem Traum und die Begegnung fühlte sich sehr realistisch an. Noch einmal waren wir beide zu dem Wald spaziert, wo wir uns immer so wohlgefühlt haben. Unterwegs haben wir geredet und gelacht, alles war wie immer. Ein Gefühl der Ruhe und Geborgenheit breitete sich in mir aus. Im Wald angekommen meinte Opa: „Ich habe noch eine Verabredung", er ging auf eine Eiche zu und umarmte den Baum. Eine besonders dicke Eiche hatte Opa sich ausgesucht und ihm gelang es nicht, diesen Baum zu umarmen. Daher stellte ich mich auf die gegenüberliegende Seite und umarmte den Baum ebenfalls mit meinen Armen. Unsere Fingerspitzen berührten sich und für mich war dieser Moment erfüllend, ich habe vor Freude gestrahlt.

„Anne, lass uns heute diesen Baum gemeinsam umarmen und das Leben spüren." Diese Worte hallen noch heute in meinen Ohren. „Es ist unser Leben, unser Glück, das wir uns nicht nehmen lassen."

Am nächsten Morgen habe ich beim Frühstück meiner Mutter von meinem Traum, meinem Ausflug mit Opa, berichtet. Voller Euphorie kamen die Worte über meine Lippen. Dabei vergaß ich, mein Brot zu essen, das vor mir auf dem Tisch stand. Auch meinen Tee habe ich nicht angerührt.

„Opa war so glücklich in der letzten Nacht. Du musst wissen, Mama, Opa hat schon oft einen bestimmten Baum im Wald umarmt und mit diesem gesprochen. In der letzten Nacht haben wir gemeinsam einen Baum umarmt. Meine Wange habe ich an die Rinde gelegt, so wie es Opa auch immer getan hat und wie er es in der letzten Nacht machte. Weißt du, Mutter, es kam mir so vor, als wolle die Rinde des Baumes mich streicheln. Die von der Natur her so raue Rinde hat mir nicht wehgetan, ganz im Gegenteil, mir kam es angenehm vor, mein Gesicht an diese Rinde zu schmiegen. Mein Körper durchflutete eine Wärme, die mich ganz ruhig werden ließ und mir signalisierte, alles wird gut werden."

„Du solltest dein Brot essen und den Tee trinken, Anne", mahnte Mutter mich. Kurz nahm ich ihre Worte ernst und trank einen Schluck Tee und biss in mein Brot. Doch nur wenige Minuten später war ich schon wieder bei meinem Traum der letzten Nacht angekommen, der mich noch immer fesselte. Für mich war es ein Zeichen, dass mein Opa mich gleich in der ersten Nacht im Traum aufgesucht hatte.

„Ist es nicht schön, Mutter, dass ich Opa in dieser Nacht so nah gewesen bin? Er war nicht allein in der ersten Nacht des Todes und wir haben gelacht und wir sind glücklich durch den Wald gelaufen und...", an dieser Stelle unterbrach Mutter meine Worte. „Kind! Du redest wirres Zeug! Wie oft schon habe dich gemahnt, solche Sachen nicht zu erzählen, hör damit auf. Opa ist tot und dein Leben geht weiter, Anne, ohne ihn."

Meine Mutter meinte an diesem Morgen noch, meine Worte, mein Traum, sie seien dem Schock zuzuordnen, den ich erlitten hatte, was ich verneinte. „Mutter, ich sage nur die Wahrheit."

„Du wirst eine Erkältung bekommen, Anne. Eventuell hast du Fieber? So wirres Zeug, wie du redest!"

„Mir geht es gut, Mutter, wirklich. Außerdem weiß ich ja inzwischen auch, mein Opa ist nicht wirklich weggegangen, ich werde ihn suchen und wiederfinden, Mutter. Seine Seele werde ich finden und dann ist mein Lieblingsmensch mir wieder ganz nah." Meine Worte sprudelten aus meinem Mund, ich war sehr aufgeregt.

Mit meinen Worten konnte meine Mutter nichts anfangen.

„Du wirst heute für zwei Tage zurück in das Internat reisen. Nächste Woche darfst du dir frei nehmen für die Beerdigung. Mit deiner Lehrerin habe ich alles besprochen. Du wirst heute am Bahnhof von deiner Lehrerin oder einer Betreuerin abgeholt."

Über die Reaktion meiner Mutter, mich fortzuschicken, war ich erschrocken. Bevor ich mit einem Pausenbrot unser Haus verließ, mahnte Mutter mich: „Rede in der Schule nicht von deinem Traum, Anne, hast du mich verstanden? Ich habe gerade genug mit der Vorbereitung für die Beerdigung zu tun, ich kann mich nicht noch mit deiner Lehrerin auseinandersetzen."

Traurig verließ ich unser Haus. Natürlich wollte ich über meinen Traum sprechen, auch mit meinen Freundinnen, doch Mutters Worte hielten mich zurück. „Ich werde dich finden, Opa", sprach ich vor mich hin, als ich in der Eisenbahn saß und traurig aus dem Fenster sah.

In den folgenden Wochen wiederholte sich der Traum, was mich einerseits sehr erfreute, da ich meinem Opa so nah sein durfte. Leider aber schmerzte mich die Tatsache, mich niemandem anzuvertrauen, es war wie eine Qual für mich. Das Geheimnis um meinen Traum lag wie eine Tonne Zement auf meinen Kinderschultern.

Auch selbst nach Jahren kam der Traum in regelmäßigen Abständen wieder und ließ mich im Anschluss oft aufwachen, mitten in der Nacht. Meistens koche ich mir dann einen Tee und blicke aus dem Fenster. Ich bin mir auch heute noch sicher, in diesen Stunden ist mein Opa an meiner Seite, er hat auf seine Weise ganz bewusst den Kontakt zu mir gesucht und auch gefunden, daran glaube ich.

Meine Fahrt im Zug, zurück ins Internat schenkte mir Zeit zum Nachdenken. Besonders das Verhalten meiner Mutter beschäftigte mich. Wieso nur hat sie mich von zu Hause weggeschickt, gleich nach Opas Tod?

Am Bahnhof holte mich Frau Summel ab, was mich strahlen ließ. Sie ist eine der wenigen Personen, denen ich mich anvertrauen kann.

„Es tut mir sehr leid, Anne", nahm sie mich in den Arm, dann gingen wir zur Schule. „Möchtest du mir etwas erzählen, Anne?"

Unsicher sah ich meine Lehrerin an. Mutters Worte waren in meinem Kopf und ich hatte Angst, sie zu enttäuschen und doch spürte ich den Wunsch in mir, endlich mit einem Menschen über alles zu reden, was ich erlebt hatte an der Seite meines Opas.

Auch der Traum in der Nacht seines Ablebens kam mir in den Sinn.

„Du kannst mit mir offen reden, Anne!"

„Meine Mutter hat es mir verboten. Sie sagt, die Menschen können meine Gedanken nicht verstehen und ...", ich brach meine Worte ab, blickte verängstigt auf den Boden.

„Mir kannst du vertrauen, Anne!"

Die wenigen Meter bis zur Schule schenkte ich Frau Summel Einblicke in die letzten Minuten meines Opas. Ich berichtete auch von dem Moment, als der Pfarrer kam und ich erschrak.

„Dann kam der Sensenmann und hat seine Seele mitgenommen", ich holte kurz Luft, um gleich weiterzusprechen: „Opas Seele findet aber ihren Platz hier auf der Erde und bald werde ich sie finden und wir sind uns wieder ganz nah."

„Dann gibt es doch keinen Grund für dich mehr, so traurig zu sein." Sie strich über mein Haar. Für diesen Augenblick schloss ich meine Augen, ich dachte, mein Opa streichelt mir noch einmal über mein Haar, was er so oft getan hatte.

Frau Summel war sehr lieb zu mir. An diesem Abend nahm sie sich die Zeit und ging mit mir in den Wald spazieren. „Hier kannst du an deinen Opa denken, Anne." Sie setzte sich auf die Wiese und holte ein Buch zum Vorschein und ich konnte die Zeit nutzen und in die Natur eintauchen, auf meine Weise die Nähe und Ruhe finden, die mir abhandengekommen waren. Für mich war das Eintauchen an jenem Abend in die Natur wie Balsam für mein Wohlempfinden. Ich spürte die Nähe zu Opa und wusste, alles wird gut. Auch in der Nacht nach meiner Ankunft im Internat träumte ich wieder von meinem Opa, sowie auch in den Jahren danach.

Alles in meinen Träumen in den letzten Jahren war für mich so realistisch, so echt. Selbst meine Kleidung, meine Haarlänge, die sich in den folgenden Jahren verändert hatte, zeigte sich in jedem Traum aktuell.

„Anne, wir waren sehr lange nicht mehr im Wald spazieren. Passen deine Wanderschuhe dir noch?" Diese beiden Sätze kamen in jedem Traum vor, über viele Jahre hinweg war ich zu dumm, diese Andeutungen zu verstehen. Bis eben zu jenem Tag, als ich zufälligerweise die Eiche gefunden habe, die mein Leben positiv veränderte. Ich kann sagen, mein Leben wurde lebenswerter, ich in meiner Persönlichkeit gefestigter.

Es gibt Menschen, davon bin ich überzeugt, die mit einem Traum Informationen erhalten. Nicht vielen Menschen ist es geschenkt, diese Wahrnehmungen auch zu deuten. Oft sagen mir Menschen, ich habe in der letzten Nacht unruhig geschlafen und geträumt, doch den eigentlichen Traum bekomme ich nicht mehr richtig in meiner Erinnerung zusammen. Das ist natürlich sehr traurig, wie ich es empfinde. Auch mit Traumdeutern habe ich mich ausgetauscht und war sehr verwundert zu hören, wie realistisch meine Einschätzungen sind.

Viele Menschen suchen ihren Trost auf dem Friedhof, am Grabe des lieben Menschen, den sie vermissen und viel zu früh gehen lassen mussten. Jeder Mensch muss seinen Weg finden für die Trauer. Ich habe das Glück, beim Umarmen meiner Eiche die Wärme zu spüren, die ich von jeher von meinem Opa erhalten habe. Mir gibt die Eiche ein Gefühl, das ich auf dem Friedhof nicht gefunden habe.

„Ich habe erneut von meinem Opa geträumt", habe ich mich am nächsten Tag Frau Summel anvertraut. „Das ist doch schön für dich, Anne. Dein Opa ist dir nah gewesen."

Frau Summel bemühte sich im Verlauf des Tages sehr um mich und ich kann nur sagen, es war ein Glücksfall dieser Lehrerin begegnet zu sein.

Leider waren nicht alle Lehrer im Internet so aufgeschlossen, wie Frau Summel.

Ich war zu dieser Zeit zu gutgläubig und habe leider nicht immer den Rat meiner Mutter befolgt, einmal den Mund zu halten. Einige der Lehrer fühlten sich, nachdem ich von meinen Träumen oder Empfindungen erzählt hatte, dazu bewogen, ein Gespräch mit meiner Mutter zu suchen und sie auf meine Worte und Berichte hin anzusprechen.

Mich hatten die Erlebnisse am Sterbebett mehr mitgenommen, als ich zugeben wollte. Sicherlich war dies der Grund, wieso ich so viel erzählt habe, was mir auf der Seele lag.

Das Wochenende kam und ich fuhr erneut mit der Eisenbahn in mein Heimatdorf. In der kommenden Woche schon sollte die Beerdigung stattfinden, gleich am Montag.

Die Vorbereitungen für die Beerdigungen nahmen meine Mutter sehr mit. Daher kam sie nur kurz auf den Anruf aus der Schule zu sprechen.

„Ein Lehrer hat mich angerufen, mir mitgeteilt, Anne, du erzählst in der Schule von deinem verstorbenen Opa und behauptest, er lebe noch unter uns Menschen und im Wald sei er dir besonders nah. Ich hatte dich doch gebeten, nicht darüber zu sprechen, Anne. Es ist nicht gut für dich, glaube es mir." Mutters Blick konnte ich nicht deuten, auf keinen Fall sah sie mich jedoch liebevoll in diesen Minuten an.

Ich wusste für den Moment nichts zu sagen. Einerseits war ich enttäuscht von dem Lehrer, gleich bei meiner Mutter anzurufen, andererseits ärgerte ich mich, außer mit Frau Summel noch mit anderen Leuten über meine Träume gesprochen zu haben.

„Es gibt nicht nur gute Menschen, Anne. Du musst lernen, vorsichtig zu sein und erst einen Menschen beobachten, bevor du ihm alles anvertraust, was dir wichtig erscheint." Ich hätte die Worte meines Opas besser befolgen sollen.

Beim letzten Abschied von Opa, der Sargdeckel war geöffnet, weinten die Trauergäste, was auch an dem Lied lag, das im Hintergrund zu hören war. Opa war kein Mensch der Trauer, nein, er liebte es zu leben und da ich in diesen Minuten wusste, seine Seele ruht weiterhin unter uns, konnte ich gelassen bleiben.

Neben dem Sarg war eine Anreihung von Blumen aufgebaut. Mein Opa liebte weiße Blumen, diese hier waren rot, dunkelrot, wie das Blut.

Nur ich hatte eine weiße Rose in meinen Händen als letzten Gruß für Opa.

Meinen Gedanken ließ ich einmal mehr freien Lauf. Während mein Blick auf dem geöffneten Sarg ruhte, ich Opas Gesicht sah, wanderten meine Erinnerungen zu unseren schönen Erlebnissen zurück.

„Anne, Probleme und Schwierigkeiten gehören zu jedem Leben dazu", kam mir Opas Stimme in Erinnerung. Mich beschäftigte zu dieser Zeit noch immer das Verhalten meiner Mutter mir gegenüber. Mir tat es weh, nicht über meine Gedanken und meine Träume sprechen zu dürfen.

„Es gibt für die meisten Probleme eine Lösung, Anne, wir müssen diese nur suchen und finden. Behalte deine Augen auf. Es kann nicht nur Gutes im Leben geben, das uns begegnet. Leider! Dir muss bewusst werden, Anne, ohne das Böse würden wir nicht das Gute erkennen, davon bin ich überzeugt."

Was nur wollte Opa mir mit diesen Worten sagen? Tief in mir spürte ich, hinter diesen Worten steckt die Lösung für mein Problem. Ich spürte mehr den jeh, ich muss mich jemandem anvertrauen können, ansonsten finde ich keine innere Ruhe. Frau Summel fiel mir ein, sie schien der einzige Mensch zu sein, der mich und meinen Opa verstehen konnte. Außerdem habe ich gesehen, sie liebt die Natur und hat Verständnis für mein Verhalten.

„Anne? Träumst du?", die Stimme meiner Mutter erschreckte mich für den Moment und ich ließ mein Gebetbuch fallen. Für Sekunden war die Ruhe in der Leichenhalle unterbrochen, wieder einmal war ich der Sündenbock, der Mensch, der mehr Fehler machte als die anderen. Eine Frau in der Reihe hinter mir gab mir einen Schubs in meinen Rücken und raunte: „Keine Erziehung, das Kind!"

Rasch hob ich mein Gebetbuch auf unter den Blicken der Trauergemeinde, die um mich herumsaß. Meine Mutter, das war nicht zu übersehen, war einmal mehr von meinem Verhalten enttäuscht. Oma beachtete mich nicht einmal, was mir ebenso weh tat. Der Pfarrer räusperte sich, hielt sich zu meiner Erleichterung mit einer Maßregelung zurück.

Die Worte, die der Pfarrer im Anschluss sagte über meinen Opa, sie waren schön gewählt. Ich hätte ihm noch Stunden zuhören können, leider aber fand er mit seinen Worten zu Opa viel zu rasch ein Ende.

Eine Biene lenkte mit einem Male meine Aufmerksamkeit auf sich. Sie flog über den Sarg, drehte ihre Runden und es wirkte auf mich wie ein stiller Abschied für meinen Opa.

Die Biene hatte sich im Anschluss einen Platz auf den Blumen gesucht, die neben dem Sarg standen. Zu meiner Verwunderung ließen diese mit einem Male die Köpfe hängen, gerade so, als seien sie am Verwelken und nicht erst frisch an diesem Morgen in die Vase gekommen.

Warum die Biene sich ausgerechnet hierher verirrt hat? War es nur ein Zufall? Können auch Tiere denken? Reden Tiere miteinander? Fühlen Pflanzen und Blumen den Schmerz, die Trauer, so wie wir es tun? Sehr lange haben mich diese Fragen beschäftigt und heute kann ich jede Frage mit einem lauten „Ja", beantworten.

Wenn ich heute mit meinem Hund in der Natur unterwegs bin, mit ihm rede, er versteht mich. An seinen Reaktionen spüre ich, hier habe ich meinen Freund wiedergefunden, den ich mit Opa verloren habe. Tiere sind sensibel und wenn ich meinen Hund als Beispiel nehme, dann liegt es an der Gewissheit, ich kenne ihn so gut. Mein treuer Begleiter spürt, wenn ich krank bin. Dann sucht er noch mehr meine Nähe und will mich beschützen, mir zeigen, ich bin für dich da, ich passe auf dich auf. Tiere tun der Seele gut und ich kann nur jedem Menschen empfehlen, sich mit Tieren und Pflanzen zu umgeben, so oft es der Alltag zulässt.

Der Pfarrer klappte sein Buch zu und signalisierte den Sargträgern, ihre Arbeit beginnt jetzt. In dem Moment, als der Sargdeckel verschlossen wurde, fühlte ich einen Stich in meinem Herzen, trotz der Gewissheit, Opas Seele lebt und er ist und bleibt mir immer nahe.

Auf den wenigen Metern, die wir hinter dem Sarg bis zu seiner letzten Ruhestätte gingen, war ich von Menschen umgeben, die weinten oder leise jammerten, wie schnell doch der Tod meinen Opa von der Erde gerissen habe. Mir schien, nur ich war frei von diesem Gefühl der Ohnmacht. Bemüht, nicht aufzufallen, hielt ich mein Gesicht dem Boden zugewandt und lief meiner Mutter hinterher.

Meine weiße Rose, die ich fest in meinen Händen hielt, warf ich auf den Sarg, als dieser schon seinen Platz im Erdreich gefunden hatte. „Ich liebe dich für immer", schickte ich meinem Opa einen Gruß nach.

„Ich liebe dich auch, Anne", nahm ich die Stimme von Opa auf.

Nachkaffee

Meine Erinnerung an diesen Nachkaffee, das Treffen der Trauergemeinde, findet kein mildes Urteil. Bis heute habe ich einzelne Szenen in Erinnerung, die mich als Kind zutiefst erschüttert haben. Dies ist auch der Grund meiner immer noch bestehenden Abneigung, diesen Einladungen Folge zu leisten.

Bei Opas Nachkaffee traf sich zunächst die trauernde Gemeinde für einen letzten gemeinsamen Trunk in Erinnerung an meinen Opa. Augenscheinleich sah alles so aus, als hätten sich nur trauernde Menschen in dem Gemeindesaal versammelt. Alle Anwesenden trugen Trauergarderobe und waren vorwiegend in Schwarz gekleidet. So weit war alles wie auf dem Friedhof. Rasch aber zeigten sich die Trauernden von einer anderen Seite. Sie waren plötzlich wieder in Redelaune, begrüßten sich herzlich, tauschten die Freude aus, sich endlich wiederzusehen, wenn auch unter so tragischen Umständen. Pietätvoll wurde eine traurige Miene gezeigt, zumindest für den Moment. Die Verwandlung der Trauergemeinde ließ nicht lange auf sich warten. Rasch hatten sich die zahlreichen Gäste wieder in ihrer seelischen Verfassung gesammelt und gingen dazu über, statt Kaffee, Tee und Kuchen lieber etwas Hochprozentigeres zu ordern. Kurzum, der Gesellschaft schmeckte das Bier und der Wein ebenso der Schnaps. Der Alkohol rinn in den Mund und den Hals hinunter, bis der Geist milde gestimmt und die Sorgen vergessen waren.

Oft habe ich in den letzten Jahren an diesen Beerdigungs-kaffee denken müssen. Verstehen konnte ich das Verhalten nicht. Wobei, mein Opa sagte immer: „Versuche nicht alle Menschen gleich zu machen. Einer von deiner Sorte reicht." Meine Bemühungen, milder den Mitmenschen gegenüber-zutreten, daran arbeite ich noch immer, wobei ich erste Er-folge an mir selbst erkennen darf. Die Einsicht ist der Weg zur Besserung?

Auch in der Nacht nach Opas Beerdigung träumte ich von ihm, wie auch schon am Tag nach seinem Ableben. Mein Traum in dieser Nacht, er hatte mir offenbart, mei-nem Opa geht es gut und wir beide sind auch weiterhin im Kontakt und werden uns nie verlieren. Wie auch in den Träumen zuvor durfte ich sehen, Opa ist zufrieden und er wird mich niemals vergessen.

Am nächsten Morgen habe ich mich beim Frühstück meiner Mutter anvertraut, ihr von dem neuen Traum mit meinem Opa erzählt. Mein Wunsch war es, Mutter aufzu-zeigen, Opa geht es gut. Sie muss sich keine Sorgen machen. Mutter wollte meine Worte nicht verstehen und auch im Verlauf der nächsten Tage nichts mehr von meinem Traum hören. „Hör auf, mir diesen Unsinn zu erzählen, Anne. Du musst endlich lernen, Abstand zu deinem Opa zu gewin-nen. Dein Leben geht weiter!"

Jeden Abend bin ich mit dem letzten Gedanken an mei-nen Opa in mein Bett gegangen. Meine Freude war es, auch in den Tagen nach der Beerdigung durfte ich meinen Opa in der Nacht sehen und ihm nahe sein. Meine anfänglichen

Ängste vor dem Traum, sie wichen der Zufriedenheit, der Gewissheit, meinem Opa auf diese Weise begegnen zu dürfen.

Der Lichtkegel, der schon im ersten Traum eine große Rolle spielte, er war bei jedem Traum für mich zu sehen. Immer wieder empfand ich das Gefühl, geblendet zu sein von dem hellen Licht, und ich sah mich im Traum die Hände schützend vor meine Augen legen.

An einem Abend, mein Traum war noch intensiver und länger als in den Tagen zuvor, da sah ich meinen Opa aus dem hellen Lichtstrahl auf mich zukommen. Meine Freude, meine Aufregung, sie waren groß und ich sah mich erwartungsvoll und mit einem Lächeln im Gesicht meinem Opa entgegeneilen.

In seinen Händen hielt mein Opa die weiße Rose, die ich bei seiner Beerdigung auf seinen Sarg geworfen hatte. Als Opa endlich vor mir stand, ich ihn berühren und fühlen konnte, hob er die Rose an seine Nase, roch kurz an der Rose, dann reichte er diese mir mit den Worten: „Wann immer wir uns nicht im Wald treffen können, sind es die weißen Rosen, die uns verbinden."

Im Anschluss endete dieser Traum damit, dass sich Opa wieder umdrehte und auf den hellen Lichtstrahl zuging, ohne sich noch einmal nach mir umzusehen.

Der nächste Morgen

Ein lautes Geräusch riss mich plötzlich aus dem Traum und es dauerte mehrere Sekunden, bis ich verstand, mein Wecker hatte geläutet. Müde rieb ich über meine Augen, blinzelte noch einmal auf den Wecker, um mich mit der Uhrzeit zu vergewissern. Die Nacht war so schnell verflogen und ich fühlte mich noch müde.

Das, was ich beim Kontrollieren der Uhrzeit neben meinem Wecker sah, es war zunächst ein Schock für mich, dann aber strahlte ich über das ganze Gesicht. Neben meinem Bett konnte ich eine weiße Rose entdecken. Diese lag an der Seite meines Weckers. Zitternd am ganzen Körper habe ich die Rose in meine Hände genommen, dann ihren Duft aufgenommen, der mich an meinen Opa erinnerte.

Meine Mutter kam in mein Zimmer, um mich für die Schule zu wecken. „Schön, Anne, du bist schon aufgewacht." Sie drehte sich wieder zur Tür um, blieb dann aber noch kurz stehen. „Anne? Wieso hälst du eine weiße Rose in den Händen? Du machst keine Dummheiten und denkst dir keine neuen Anekdoten über Opa aus, ja?"

Ich wollte Mutter antworten, auf ihre Worte eingehen, doch in diesem Moment stach ich mich an einem der Dornen der Rose, die noch in meinen Händen lag. Mutter eilte zu mir. „Das müssen wir abwaschen und dann ein Pflaster drauf legen. Woher hast du die Rose?" Dann aber schüttelte Mutter den Kopf. „Sag bitte jetzt nichts, ja, Anne? Ich möchte es nicht wissen."

Beim gemeinsamen Frühstück hatte ich den Eindruck, meine Mutter beobachte mich, sie sah mich unentwegt von der Seite an.

Als sie mich an die Bahn begleitet hatte, sagte sie zum Abschied: „Bitte erzähle keine Geschichten über deinen Opa in der Schule, Anne. Auch die weiße Rose solltest du nicht erwähnen. Mir ist es noch ein Rätsel wie die Rose in dein Zimmer gekommen ist, Anne, doch ich habe keine Nerven für neue abenteuerliche Geschichten aus deinem Mund. Mir sind deine Berichte von den Träumen fremd, es ängstigt mich davon zu hören."

Als mein Zug in den Bahnhof einfuhr, verabschiedete ich mich rasch von meiner Mutter. Während der ganzen Zugfahrt hatte ich meine Rose im Kopf und die Gewissheit, mein Opa passt auch jetzt noch auf mich auf, er ist in meiner Nähe.

Die erste Zeit nach Opas Tod

Im Internat traf ich zu meiner Freude wieder auf Frau Summel. Stürmisch war ich in ihre Arme gelaufen und fing an zu weinen. Liebevoll hatte sie mir über mein Haar gestrichen, mir im Anschluss einen Kakao gekocht und ich durfte reden, endlich durfte ich sagen, was mich beschäftigte.

Ich hatte in Frau Summel eine Vertraute, die mich immer wieder mit in den Wald nahm und mir zuhörte, wenn ich das Gefühl hatte, ich muss reden. Jedes Kind sollte so einen lieben Menschen treffen, der aufpasst und zuhören kann.

Heute denke ich, diese Frau hat mein Opa in mein Leben gebracht, um auf mich aufzupassen.

Bis zu den Ferien musste ich im Internat bleiben. Umso mehr freute ich mich auf den Tag, als ich wieder in der Eisenbahn saß und in mein Heimatdorf fahren durfte.

Für mich war das Nachhausekommen in diesen Ferien anders als zuvor. Mein Opa fehlte mir sehr und daher suchte ich, nachdem ich meine Tasche zu Hause abgestellt hatte, den Platz auf, wo wir uns so oft getroffen hatten.

Zumindest suchte ich die Nähe der alten Gartenlaube auf. Das Haus war verkauft und ich hatte keinen Zugang mehr zu unserer Gartenlaube, daher stellte ich mich an die Straßenecke in die Nähe des Gartens, von wo aus ich die alte Laube sehen konnte. Mir fiel auch sofort der Aprikosenbaum in den Blick und ich war glücklich zu sehen, die neuen Besitzer haben ihn nicht weggemacht, um mehr Platz in ihrem Garten zu haben. Auch die alte Gartenlaube sah noch so aus, wie ich sie immer kannte und in meinen Erinnerungen hatte.

Unser Lieblingsplatz, die alte Gartenlaube, war mit einem Male so leer und verlassen. Die neuen Besitzer waren zumindest an diesem Tag nicht in der Laube, um diese mit ihrem Leben zu erfüllen. Mit einer Tüte, die ich zu Hause gefüllt hatte mit leckeren Plätzchen und einem meiner Lieblingsbücher, habe ich mich auf den Boden gesetzt und auf die Laube gesehen. Mir war es wichtig, diesen Platz aufzusuchen und den Erinnerungen noch einmal ganz nahe zu sein. Alles, was mir lieb war, hatte ich dabei und doch fehlte mir das Wichtigste, mein Lieblingsmensch, mein Opa. So sehr ich mich auch bemühte, mich auf den Inhalt des Buches zu konzentrieren, bemüht war, die Plätzchen zu genießen, es gelang mir nicht. Mein Seelenverwandter war auf Reise und ich hatte noch nicht sein neues Zuhause gefunden, was mich traurig hinterließ.

Irgendwann glitt mein Blick erneut zu dem Aprikosenbaum, der gleich neben der alten Gartenlaube seinen Platz hatte und mich schon über Jahre hinweg mit seinen Früchten verwöhnt hatte.

„Wenn ich einmal nicht mehr bin, musst du dich um die Aprikosen kümmern", hallte es in meinen Ohren. Mein Opa wollte sich um alles und um jeden kümmern, zu seinen Lebzeiten war er bemüht, auch für die Zeit nach seinem Tod auf Erden alles zu regeln. Was soll ich mit dem Aprikosenbaum nur anfangen, außer seine Früchte zu essen, fragte ich mich damals. Meine Gedanken wanderten zu meinem Opa und ich dachte darüber nach, was er mit den Früchten des Baumes am liebsten machte. Mit einem Male kam mir eine Idee in den Kopf. Ich ging ganz dicht an das Grundstück und kletterte an dem alten Holzzaun hinauf, bis ich an die ersten Früchte kam. Angst, von den neuen Besitzern gesehen zu werden, hatte ich nicht. Meine Gedanken waren bei meinem Opa und alles andere war sehr weit weg. Ich suchte nach dem alten Korb, der immer unter dem Baum stand, und ich fand diesen. Es war, als habe die Zeit in diesem Garten keine Eile gehabt, alles war, wie ich es immer kannte. Mit einem Male wurde mir doch bewusst, ich bin in den Garten eingedrungen und daher fing ich rasch an, die schon reifen Früchte zu ernten. Mein Wunsch war es, Marmelade zu kochen. Opa liebte Aprikosenmarmelade und daher war mir die Idee in den Kopf gekommen, wie ich seinem Wunsch entsprechen kann. Die Früchte zu ernten, war halbwegs einfach. Ich konnte schon immer gut klettern und Angst habe ich nicht gekannt.

Beim Herunterspringen von dem Holzzaun, nachdem ich meine Aprikosen gesammelt hatte, kam ich unsanft auf meinem Knie auf, was mich nur kurz beschäftigte. Minuten später eilte ich mit dem Korb voller Aprikosen nach Hause zu meiner Mutter.

„Kann ich das Rezept für die Aprikosenmarmelade haben?", suchte ich sogleich meine Mutter auf. Ihr kam der Zeitpunkt, meinen Wunsch in die Tat umzusetzen, als unpassend vor. „Wieso willst du ausgerechnet heute das Rezept haben? Und woher willst du Aprikosen nehmen?"

Ich ging nicht auf ihre Frage ein und zu meiner Freude händigte Mutter mir das Rezept aus, ohne noch einmal zu hinterfragen, was mir im Kopf herumschwirrt. Ich denke heute, meine Mutter war müde geworden, was meine Erziehung anbetraf, und hatte resigniert. Sie hatte nicht einmal mehr nachgefragt, woher die Aprikosen stammten, die ich für die Marmelade brauchte. Ihr die Wahrheit zu sagen, es hätte mir bestimmt kein Lob eingebracht.

Das Rezept war zu meiner Freude mehr als einfach und ich habe nur drei Zutaten benötigt, um meine Marmelade herzustellen. Wie einfach es nur ist, so einen leckeren Brotaufstrich herzustellen, ging mir durch den Kopf.

Neben meinen reifen Aprikosen benötigte ich nur Zitronensaft und Gelierzucker – diese Zutaten hatte Mutter im Haus. Nachdem ich die Aprikosen gewaschen und getrocknet hatte, musste ich diese halbieren. Nachdem ich den Kern entfernt hatte, schnitt ich die Früchte in grobe Stücke. Im Anschluss kamen die Aprikosenstücke mit dem Zitronensaft in einen Topf zum Kochen. Danach habe ich den Gelierzucker unter die Früchte gerührt und alles weiterkochen lassen. Aus einem guten Kilo Aprikosen (1,3 Kilo hatte ich gepflückt) habe ich fünf Gläser Aprikosenmarmelade gemacht.

„Was willst du mit der Marmelade machen?" Meine Mutter sah mich skeptisch an, als sie viel später in die Küche kam. So ganz schien sie mir nicht mehr zu trauen, was mein Handeln betraf.

„Ein Glas Marmelade behalte ich für uns, die weiteren vier Gläser werde ich an Opas Freunde verschenken, die ihm zu Lebzeiten wichtig schienen."

Mutter sah mich verwundert an. „Deine Idee ist sehr schön und doch finde ich, Anne, du trauerst auf eine mir fremde Art und Weise um deinen Opa. Akzeptiere doch bitte, dein Opa ist verstorben."

Mein lautes Lachen sollte Mutter beruhigen, was nicht wirklich funktionierte.

„Ich habe mit deinem Lehrer telefoniert, Anne", bemerkte meine Mutter. „Du hast in Frau Summel eine Vertraute gefunden, hat er mir berichtet. Ihr geht auch gemeinsam in den Wald." Mutter sah mich eindringlich an.

„Ja, Mutter", war meine knappe Antwort. Meine Angst, jetzt bekomme ich auch noch Frau Summel als Vertraute genommen, sie war groß.

So leicht gab Mutter sich noch nicht zufrieden.

„Du hast in der Schule von den Ausflügen mit deinem Opa gesprochen, von den Tagen, an denen ihr gemeinsam in die Natur gegangen seid, sagt dein Lehrer."

„Ach so! Ja, natürlich habe ich viel von unseren Ausflügen berichtet. Opa hat mir auch die verschiedenen Bäume und Pflanzen erklärt", ich plauderte munter los.

„Anne! Du hast dem Lehrer auch gesagt, Opa habe Bäume im Wald umarmt und mit diesen gesprochen", ihre Stimme zitterte. Mein Nicken brachte Mutter nur kurz aus der Fassung. „Du hast dies tatsächlich deinem Lehrer erzählt? Und dieser Frau Summel ebenso? Von deinen Träumen hast du aber nichts gesagt, Anne? Du hast mir dies versprochen!"

Was Mutter nur von mir will, fragte ich mich und fühlte mich in diesen Minuten sehr unwohl, wie ich noch in Erinnerung habe. „Nein, Mama, davon habe ich nicht gesprochen."

Mutter wirkte erleichtert und setzte sich auf den Stuhl mir gegenüber. Diese Notlüge musste sein.

„Deine Lehrer, Anne, Sie müssen doch denken, Opa sei senil gewesen kurz vor seinem Tod. Anne, wie konntest du nur so einen Unsinn erzählen. Auch auf dich fällt kein gutes Licht. Hier im Dorf reden die Menschen schon über dich und über Opa wurde auch immer geredet, mir gefällt das nicht, Anne", nun war Mutters Stimme sehr laut geworden.

„Ich habe die Bäume auch umarmt und eine besondere Wärme gespürt. Opa konnte sogar mit den Bäumen sprechen", wieder einmal wurde ich unterbrochen, sehr barsch. „Hör auf, diesen Unsinn zu erzählen. Willst du, dass die Nachbarn sagen, Anne ist nicht ganz normal?"

So wie meine Mutter hatte auch meine Oma zu ihren Lebzeiten reagiert, als ich ihr einmal davon berichtete, Opa im Traum zu begegnen. Keine von beiden wollte glauben an das, was Opa und ich wussten und erlebt haben. Opa hat mir einmal gesagt, es gibt mehr Menschen, die nicht an etwas glauben wollen, das sie nicht sehen können, als umgekehrt.

Ich musste ihm recht geben in diesen Minuten. Mein Vorhaben, mit niemandem mehr darüber zu sprechen, setzte ich in die Tat um. In den folgenden Tagen hatte Mutter mich in meinem Handeln beobachtet und ich war bemüht, ihr keinen Anlass zur Sorge zu schenken. Leider konnte ich mein Vorhaben nicht einhalten. Mein kindlicher Drang, alles auszusprechen, was mich bewegte, er siegte.

Nur zwei Tage später, ich hatte in der Nacht wieder meinen Traum mit Opa, konnte ich der Versuchung, davon zu erzählen, nicht widerstehen. Ungebremst sprudelten die Worte beim Frühstück nur so aus meinem Mund.

„Mutter, letzte Nacht, da habe ich meinen Opa wieder im Traum getroffen. Alles war so realistisch für mich. Opa und ich haben eine schöne Zeit miteinander verbracht."

„Anne! Du machst mir Angst! Kind, sag mir bitte, dass dies nicht die Wahrheit ist, worüber du sprichst? Du darfst niemandem von diesen Träumen erzählen und du solltest sie vergessen, Anne!"

Einen Augenblick verhielt ich mich zögerlich, blickte unruhig in Mutters Gesicht. Sie sah nicht so aus, als machte sie einen Spaß. Mir war in diesem Augenblick bewusst, ich musste mir sehr gut überlegen, wie ich jetzt antworte. Mutter sprach schon zwei Mal davon, ich müsse in ein anderes Internat, und davor hatte ich Angst. Es war sicherlich kein normales Internat und meine Mutter wollte mich wegschicken, damit die Leute im Dorf mich nicht mehr sehen und über mich reden konnten. Wieso nur war meine Mutter so schwach und hat nicht erkennen können, was für einen wunderbaren Schatz ich in mir trage.

„Ich habe nur einen Scherz gemacht", lachte ich Mutter ins Gesicht und innerlich fühlte ich mich sehr schlecht. „Du kennst doch meine Fantasie, Mutter."

Ich kam mir wie eine Verräterin Opa gegenüber vor. Mutter blickte mich skeptisch an, schien aber mit Freude meinen Worten zu glauben. „Ich bin beruhigt, Anne. Bitte mache diese Scherze nicht in der Schule, versprochen?" Ich nickte Mutter entgegen, was ihr als Antwort genügte.

Den gesamten Tag über fühlte ich mich nicht gut.

Am Abend konnte ich nicht einmal mein Abendbrot aufnehmen. Mein Magen schmerzte und ich fühlte mich sehr schlecht.

In dieser Nacht kam Opa wieder im Traum zu mir.

„Hallo Anne! Lass uns zusammen einen Ausflug machen, so wie früher auch immer", mit diesen Worten holte mich Opa an der Haustüre ab. „Du trägst feste Schuhe?", wanderte sein Blick auf meine Füße, dann gingen wir los. „Liegt dir etwas auf deinem Herzen, Anne?" Er blieb kurz stehen und sah mir in meine Augen.

Mir war mulmig zumute, da ich meinen Opa vor meiner Mutter verleugnet hatte. Doch sollte ich es ihm gegenüber nun erwähnen? Ich rang einmal mehr mit mir und meine Unsicherheit war für meinen Opa nicht zu übersehen.

„Du bist heute so verändert, Anne. Findest du keine Ruhe in der Natur?", versuchte Opa mich aufzumuntern. Erneut führte unser Weg in den Wald und wenig später standen wir vor der großen Eiche, die wir zwei schon so oft gemeinsam umarmt hatten. „Komm, Anne, wir umarmen die Eiche", munterte mich Opa auf.

„Opa? Wenn ich das Gefühl habe, ich habe einen Fehler gemacht, wie kann ich mich im Nachgang verhalten?"

Opa überlegte eine Weile. Unterdessen legte er sein Gesicht an die Rinde und ich hörte, er sprach leise vor sich hin. Unsere Fingerspitzen berührten sich unterdessen. Die Fingerspitzen meines Opas fühlten sich beim Berühren warm an, ein wohliges Gefühl breitete sich in mir aus.

„Hier mit dir, Opa, in der Natur, hier bin ich glücklich!"

„Mir geht es genauso wie dir, Anne. Im Wald spüre ich die Lebendigkeit des Lebens, die ich genauso sehen und aufnehmen möchte, wie sich die Natur mir zeigt. Einige Menschen werden nervös, wenn es ruhig um sie herum wird. Diese Leute sind im Alltag eingebunden, leben in meinen Augen wie in einem Hamsterrad, daher können sie die Stille der Natur und das Gezwitscher der Vögel nicht so aufnehmen, wie wir zwei es können. Es ist ein Geschenk, sich in der Natur zu Hause zu fühlen, Anne. Du entschleunigst dein Leben und du atmest frische Luft ein, beides hilft dir für ein gesundes Leben."

Eine Weile standen wir noch an der Eiche und ich wollte den Platz nicht mehr verlassen, da ich die Berührung mit Opas Fingerspitzen so genoss.

„Ein Fehler ist immer dann tragisch, wenn man ihn nicht selbst erkennt und einsieht", nahm Opa unser Gespräch wieder auf, als wir schon auf dem Rückweg waren.

„Ich werde so oft nicht verstanden, auch nicht von meiner Mutter. Sie sagt, ich sei anders als die anderen Kinder und die Leute im Dorf würden über mich sprechen, ist das schlimm?"

Opa blieb kurz stehen, er strich über mein Haar. „Nein, Anne! Im Gegenteil. Wenn alle Menschen sich gleich verhalten würden, dann gäbe es keinen Fortschritt, keine Erfindungen, niemanden der neue Wege beschreitet und sie damit für die Zukunft öffnet."

Einen Augenblick schwiegen wir, Hand in Hand gingen wir in Richtung meinem Elternhaus.

„Anders zu sein, bedeutet, auch eine Sichtweise zu haben, die augenscheinlich von der Norm abweicht. Jedoch finden gerade diese Menschen ihr Glück in den wahren Gefühlen."

So ganz verstand ich die Worte von Opa noch nicht zu diesem Zeitpunkt.

„Jeder Mensch sollte ein Recht auf ein individuelles Leben haben. Gestalte dir ein Leben, das zu dir und deinen Bedürfnissen passt, Anne. Wirklich wichtig ist, dass du glücklich wirst!"

„Mir wird aber verboten, anders zu sein. Ich soll endlich mein Verhalten, an dem der anderen Kinder anpassen und nicht mehr darüber sprechen, was ich denke."

Opa blieb stehen. „Mich macht es traurig, zu hören, Anne, dass du kein Verständnis bei deiner Mutter findest."

„Heute musste ich dich verleugnen, Opa", stieß ich die Worte aus meinem Mund. Zeitgleich spürte ich große Erleichterung endlich ausgesprochen zu haben, was mir auf der Seele lag.

„Ja, Anne, ich weiß es doch."

„Du bist mir nicht böse, Opa?"

„Wer liebt, kann nicht erwarten, ein Mensch verhält sich zu 100 % so, wie man es selbst für richtig hält. Auch das gehört zum Erwachsenwerden dazu, Anne. Verständnis aufbringen für deine Mitmenschen."

Der nächste Tag

Beim Aufwachen am nächsten Morgen waren meine Sorgen, meinen Opa enttäuscht zu haben, wie weggeflogen. Opa liebt mich und er hat mir im Traum gezeigt, mein Handeln war zumindest für den Augenblick das Beste für mich.

Auf meinem Weg zur Eisenbahn, ich musste wieder in das Internat fahren, mahnte Mutter mich erneut, über meine Gedanken und Träume zu schweigen. „Ich möchte nicht wieder einen Anruf von einem deiner Lehrer bekommen!"

„Opa hat mir gesagt, es sei aber gut, dass ich anders bin", weiter kam ich nicht mit meiner Antwort an Mutter. Sie gab mir eine Ohrfeige. „Du kostest mich Nerven, Anne!"

In der Eisenbahn blickte ich traurig aus dem Fenster und ich habe über das Verhalten meiner Mutter nachgedacht.

Wieso nur ist sie so geblendet und lässt keine Zeichen von Opa zu? Er will zu uns sprechen, an unserem Leben teilnehmen und Mutter ist wie versteinert in ihrem Verhalten. Und warum muss ich meine wahren Gedanken leugnen? Darf nicht so sein, wie ich es möchte? Ob es vielen Menschen so geht wie mir?

Sie werden eingeengt und müssen in einer vorgegebenen Furche leben und bleiben, suchen vergeblich die Spur für den gewünschten Weg. Mein Sinnen ist es jedoch, auszubrechen, mehr von der Welt zu sehen, mehr zu erleben, als meine Mutter es für mich für richtig hält.

In der Schule angekommen musste ich erfahren, meine Lehrerin Frau Summel ist erkrankt und wird bis zu den nächsten Ferien nicht mehr in die Schule kommen. Wieder einmal, so war mein Gedanke, muss ich ohne einen vertrauten Menschen an meiner Seite auskommen. Wie gerne hätte ich mich ihr anvertraut und von ihr erfahren, was sie über meine Träume denkt.

Mein Lehrer, der mich schon lange beobachtete, nahm mich in der Pause zur Seite. „Anne, wie war die Beerdigung deines Opas für dich? Du hast bisher nur mit Frau Summel darüber gesprochen."

Was bitte sollte ich ihm nun antworten? Natürlich war mir bewusst, er möchte von meinen Tränen hören, die ich vergossen habe, was aber nicht der Wahrheit entspricht.

„Es war ein schöner und ergreifender Abschied für meinen Opa", kurz machte ich eine Pause, blickte den Lehrer betroffen an und fügte stockend nach: „Es war sehr würdevoll."

Für den Augenblick war ich sehr stolz auf mich, mit dieser Antwort einen goldenen Mittelweg zwischen der Wahrheit und meinen Gedanken gefunden zu haben.

Mein Lehrer nickte. „Ja, da magst du recht haben, Anne. Deine Mutter hat sicherlich alles sehr gut organisiert und im Vorfeld mit dem Pfarrer den Ablauf der Beerdigung besprochen." Er legte eine Pause ein, sein Blick blieb mir zugewandt.

„Sonst gibt es keine besonderen Vorkommnisse, Anne, die du mir berichten solltest?" Er kam ein Stück näher mit seinem Gesicht und ich roch seinen Atem, was mich ekelte.

Ich drehte meinen Kopf zur Seite, ohne dass mein Lehrer es gleich merkte. „Nein, es gibt nichts Außergewöhnliches zu berichten."

„Gut so, Anne! Dir scheint es wieder besser zu gehen." Im Anschluss ging er zu einem anderen Kind und ich war froh, der Situation entkommen zu sein.

Im Unterricht trifteten meine Gedanken ab und ich fiel in einen Tagtraum. Immer wieder waren meine Gedanken bei Opa und ich fasste einen Entschluss, den ich nach dem Unterricht auch umsetzte.

Rasch war ich in mein kleines Zimmer geeilt, das ich mir mit drei anderen Mädchen teilte. Zu meiner Freude waren die anderen Mädchen damit beschäftigt, über den anstehenden Geburtstag einer Freundin zu reden, und beachteten mein Handeln nicht.

Wenn Opas Seele nun ihren Platz sucht, hier in meiner Nähe schon weilt, dann kann ich auch einen Brief an meinen Opa schreiben, so meine Gedanken, die ich rasch in die Tat umsetzte.

„Lieber Opa,
deine Beerdigung war anders, als ich sie für dich geplant hätte,
jedoch sehr ergreifend und schön. Der Pfarrer sprach von deiner
Naturverbundenheit und ich dachte in diesem Moment an un-
sere Wanderungen, unsere Ausflüge in die Natur, in den Wald.
Eintauchen in die Natur war dir immer sehr wichtig und jedes
Mal, wenn ich jetzt in den Wald gehe, dann denke ich ganz fest
an dich, Opa.
Hier im Internat habe ich dank einer Lehrerin einen Platz an
einem Fenster gefunden, wo ich auf den Wald sehen kann. In
diesen Minuten fühle ich mich dir ganz nah.

So schön es für mich ist, dich in meinen Träumen zu haben,
dich auf diese Weise wiederzusehen, mit dir zu sprechen und

dich auch anzufassen, so spüre ich dadurch auch eine Seite an mir, die ich erst noch lernen muss, zu akzeptieren. Diese Erlebnisse machen mich unendlich glücklich und doch auch traurig, da ich mit niemandem darüber sprechen darf.

Fest versprochen hast du mir, wir bleiben zusammen. Niemand wird uns trennen, auch nicht der Tod.

Eines Tages werde ich deine Seele finden, so hast du es mir versprochen. Ich werde die Suche niemals aufgeben, Opa, das verspreche ich dir.

Weißt du, was heute komisch für mich war? Ich dachte heute über Tag, ich habe wieder diesen Geruch in der Nase, wie an dem Tag, als ich an deinem Sterbebett stand. Ob dies ein Zeichen ist? Wird nun der nächste Mensch in meiner Nähe seine letzte Reise antreten müssen? Steht dieser Geruch für ein Zeichen, eine Vorahnung, die ich erkennen darf? Die Frage ist nur, will ich das überhaupt. Möchte ich die Fähigkeit besitzen, zu ahnen, wer in meinem Umfeld bald stirbt? Wieder muss ich an die Sanduhr denken, die für mich die verbleibende Zeit symbolisiert.

Der Sensenmann wird keine Freunde haben, zumindest keine echten Freunde.

Die weiße Rose, die auf meinem Nachtisch lag, Opa, die hast doch du mir hingelegt?

Es wird ab heute unser Zeichen sein, neben der großen Eiche, die ich so gerne umarme und dabei an dich denken kann.

Mutter sprach vor meiner Abreise in das Internat von deinem Auto, das in die Werkstatt müsse, ich habe kurz gelacht. Wieso nur soll dein Auto repariert werden, du wirst ja nicht mehr selbst damit fahren können. Mama hat ein Auto und Oma besitzt keinen Führerschein und jetzt braucht sie auch schon kein Fahrzeug mehr, falls meine Befürchtung, sie wird bald sterben, eintrifft. Der Geruch täuscht mich nicht und ich komme nicht umhin, mich um Omas Gesundheit zu sorgen. Leider kann ich mich nicht meiner Mutter anvertrauen. Für mich verhält sich meine Mutter in der letzten Zeit komisch.

Außer dir, meinem Opa, kenne ich keinen Erwachsenen, der sich logisch verhält. Niemand hört mir zu, wenn ich sage, was die Wahrheit ist, was ich sehe und fühle. Mit dir konnte ich über alles sprechen, du fehlst mir sehr! Zum Glück ist Frau Summel in mein Leben gekommen, wenn auch nur für eine kurze Zeit. Jetzt soll sie krank sein und kann nicht mehr unterrichten. Erneut muss ich mich von einem Menschen trennen, den ich gerade erst angefangen habe, in mein Herz zu lassen.

Mein Körper fühlt sich müde an. In der Schule kann ich mich kaum konzentrieren und mein anderer Lehrer, er zeigt auch kein Verständnis für mich, doch davon habe ich dir ja schon berichtet. Er will nicht verstehen, dass ich anders bin als meine Schulkameraden. Meine Fähigkeiten zuzulassen, den Mitschülern und den Menschen im Dorf zu zeigen, wer oder was ich bin, dafür bekomme ich keine Plattform. „Pass dich doch endlich an, Anne, wieso nur willst du immer auffallen und mir Ärger bereiten?", so die Worte von Mutter.

Ich werde in den Wald gehen und dir somit wieder ein Stückchen näherkommen.
Ich freue mich schon sehr darauf, dir heute wieder zu begegnen, entweder im Wald oder im Traum.

Deine Anne"

Eintauchen in die Natur

Selbst heute noch als erwachsene Frau, wenn ich mit meinem Hund unterwegs bin im Wald, dann spüre ich die Kraft der Bäume, die Lebendigkeit, die sie ausstrahlen, und ihre enorme Energie. Ob ein Teil unserer Seelen in die Bäume wandert? Ja, daran glaube ich! Für mich ist es eine schöne Vorstellung, jeder Baum beherbergt eine tote Seele, bietet ihr auf seine Weise Schutz und Raum und ebenso die Möglichkeit, in unserer Nähe zu weilen. Ich habe mir einen Lieblingsbaum ausgesucht, eine Eiche, die ich immer wieder umarme, wenn ich an ihr vorbeispaziere.

Sicher bin ich mir, dass in diesem Augenblick die Kraft des Baumes in mich fließt. Im Anschluss spüre ich immer neue Energie und ich fühle mich nicht mehr so abgeschlagen und matt wie zuvor.

Mein Opa hat vor seinem Tod gesagt, er passe immer auf mich auf, egal was komme. Das gelte auch für die Zeit nach seinem Tod.

„Meine Seele wird eines Tages geerntet, daher stelle ich mir auch den Sensenmann vor, der mich am letzten Tag aufsuchen und meine Seele abholen kommt." Die Worte von meinem Opa sind noch in meinem Kopf. An diesem Tag habe ich meine Marionetten in den Händen gehalten und mit ihnen gespielt. Nachdenklich habe ich meinen Opa im Anschluss an seine Worte angesehen.

„Dann lenkst du im Anschluss mein Seil? Du wirst dich um mich kümmern und dafür Sorge tragen, dass keines meiner zarten Bänder reißt, es mir immer gut gehen wird?"

Opa hatte gelächelt. Eine Weile saßen wir zusammen, ich spielte weiter mit den Marionetten und Opa sah mir dabei zu.

„Meine Sanduhr läuft langsam ab und ich kann mein Ende schon spüren", fügte er eine Zeit lang später nach. Erschrocken ließ ich die Marionetten aus meinen Händen fallen. Die zarten Bänder, die zuvor noch meine Puppen tanzen ließen, sie fielen zu Boden, die Puppen ebenso. „Jetzt sind die Marionetten tot."

„Du kannst sie doch wieder aufheben und dann weitertanzen lassen", gab Opa mir als Rat. Ich folgte seinem Vorschlag und spielte in der Tat eine Weile weiter, so als gebe es keine Sorgen und keinen Kummer. Tief in meinem Inneren jedoch beschäftigten mich Opas Worte mehr, als mir zunächst lieb war.

„Ich will nie mehr ans Meer reisen, ich hasse ab heute den Sand und ich will keine Sanduhr mehr sehen", habe ich trotzig gesagt.

„Weglaufen geht aber nicht", zündete sich Opa eine Zigarre an. „Immer wenn du an mich denkst, bin ich nicht tot. Außerdem, davon habe ich dir doch schon oft berichtet, Anne, bin ich davon überzeugt, die Seelen der Toten haben ihren Platz unter uns, in der Natur, in den Tieren und in den Bäumen, gefunden."

Mich hat es gefreut zu hören, was Opa mir sagte. „Können wir noch mehr Marionetten kaufen? Auch Tiere, und ich möchte ein Brett bauen mit Blumen und Bäumen. Darauf lassen wir die Marionetten tanzen. Dann kann ich das Leben und den Tod nachspielen."

Opa pustete kleine Wölkchen in den Himmel und grinste sanft. „Gute Idee! Tote tanzen länger", sprach er mild.

Diese Worte hatte ich nicht verstanden, jedoch war gerade die Vorstellung, wir basteln für meine Marionetten ein Brett mit Blumen und Bäumen, wichtiger.

Tatsächlich ist Opa am nächsten Tag mit mir neue Marionetten einkaufen gefahren. Ein Freund von ihm ist sehr kreativ gewesen und hatte mir die schönsten seiner Marionetten in meine Hände gelegt. Ich war vor Freude durch die kleine Werkstatt gehüpft und Opa hat mir strahlend zugesehen. Dass er sich auf einen der alten Holzstühle hat setzen müssen, es ist mir in diesem Moment nicht aufgefallen. Bis zu diesem Tag war mein Opa fit und ich habe ihn nie schwächeln gesehen.

„Jetzt spielen wir das Leben nach", habe ich auf der Rückfahrt gesagt. „Das Leben, Anne, natürlich. Wir spielen aber nur die schönen Momente nach, einverstanden?"

„Und was ist mit dem Tod? Ist der auch schön?"

Auf diese Frage hat mir Opa nicht geantwortet, stattdessen hatte er das Thema geschickt gewechselt, was mir erst viel später auffiel.

An diesem Abend durfte ich bei Opa übernachten, was für mich ein Glücksfall war. Immer, wenn ich bei Opa übernachten durfte, fühlte ich mich wie eine Prinzessin. Es gab Kakao für mich, Brote, die mir Opa selbst belegt hatte mit Leberwurst, und zum Nachtisch gab es Milchreis, von Opa gemacht.

An diesem Abend habe ich natürlich meine neuen Marionetten ausgepackt und fing an zu spielen.

„Diese Marionette", hob ich eine Puppe hoch, die ganz in schwarz gehüllt war, „ist Gevatter Tod."

Meine Oma mochte diese Spielchen nicht, was sie auch immer betonte. Mir war es egal, ich war glücklich und tauchte sogleich in meine Welt der Fantasie ein.

Rückblick
Am Sterbebett

Opas Seele wurde nicht so schnell vom Sensenmann geerntet, wie er dachte. Der Pfarrer war schon im Begriff, sich zu verabschieden, als endlich meine Oma mit meiner Mama in die gute Stube kam. Meine Oma war am Morgen auf der Treppe gefallen und daher musste meine Mutter sie noch zum Arzt fahren. Es gibt diese Tage, an denen kommt alles zusammen.

Tränen liefen über ihre Gesichter beim Anblick von Opa. „Ich dachte nicht, dass sein Ende schon vor der Tür steht", betonte Mutter. Über ihr Gesicht liefen Tränen, über das von Oma ebenso und bei ihrem Anblick bekam ich Angst. Eine Zeit lang blieb ich still, beobachtete ihr Handeln, das eigentlich nur aus Weinen und Jammern bestand. Soll so das Ende meines Opas, die Krönung als Abschluss seines Lebens, stattfinden? Definitiv nicht! Ich spürte tief in mir den Wunsch, einzuschreiten und für Opa den Abschied schöner zu gestalten.

„Opa freut sich auf den Tod, er hat mir davon erzählt, was mit seiner Seele passiert, wenn der Sensenmann sie geerntet hat."

Meine Worte kamen nicht gut an, weder bei meiner Mutter noch bei Oma. Eine kleine Ohrfeige sollte mich zum

Schweigen bringen, was ich erschrocken von dieser Reaktion auch zuließ.

Meine Mutter wollte mich aus dem Zimmer schicken, das wiederum konnte ich unter keinen Umständen akzeptieren und zulassen.

Trotzig ließ ich die Bemerkung fallen: „Wenn Opa tot ist, gehen wir in den Wald und suchen den Baum, die Pflanze oder das Tier, in dem Opa nun weiterleben wird. Sein neues Zuhause für seine Seele müssen wir finden, dann ist alles gut. Opa hat mir schon oft davon berichtet. Er hat auch seinen Schulfreund wiedergefunden und spricht mit ihm, ihr müsst mir glauben!" Mein Redeschwall war ungebrochen. Im weiteren Verlauf kam ich auf den Sensenmann zu sprechen, der bald die Seele von Opa holen wird. „Ihr wisst doch sicherlich, dass im deutschen Kulturgut der Sensenmann seit Jahrhunderten verankert ist. Seine Rolle als Personifikation des Todes ist noch heute präsent. Seine Attribute wie die namensgebende Sichel kennt ebenfalls schon jedes Kind. Das habe ich alles von meinem Opa erfahren", an dieser Stelle hat meine Oma mich dann zum Schweigen aufgefordert. „Du bist anders, Anne, als die normalen Kinder." Strafend sah sie meine Mutter an. Das gerade mein Opa die wichtigste Person in dem Raum war, es schien nicht in den Köpfen von Mutter und Oma verankert zu sein.

Für den Moment schwieg ich und blieb am Ende des Holzbettes stehen, blickte zu Opa und ließ einmal mehr meine Gedanken auf Wanderschaft ziehen. Erneut dachte ich an den Sensenmann, der bald kommen wird.

Verrückt ist, wir sprechen vom Sensenmann, als sei er ein Verwandter, ein Onkel, der eines Tages zu Besuch kommen wird, um die Seele mitzunehmen, und doch hat niemand jemals den Sensenmann gesehen. Meine Zeit der Stille war rasch vorbei. Ich konnte und ich wollte nicht ohne Gegenwehr meiner Mutter und Oma das Feld überlassen.

„Ich sage die Wahrheit, wirklich, ihr müsst es mir glauben. Weder lüge ich, noch bin ich verrückt geworden. Es gibt ein Leben nach dem Tod, jedenfalls für die Menschen, die daran glauben möchten."

Meine Mutter wollte mich anschließend erneut aus dem Zimmer schicken, was mein Opa untersagte. Vor seinem Tod stehend hob er den knochigen Zeigerfinger. „Anne hat die Wahrheit gesagt. Jeder Mensch hat für seine Seele zu Lebzeiten den Weg geebnet. Jeder Mensch, ob reich oder arm, hat die gleichen Chancen, ein gutes Karma aufzubauen. Man muss nur…", plötzlich sackte Opa zusammen, die Hand fiel auf die Bettdecke und mir kam sie noch knochiger vor als vor einer Minute. Mit offenen Augen und geöffnetem Mund lag Opas Gesicht im weißen Kissen.

„Die Gardine, seht nur!", meine Stimme überschlug sich. Es war kein Windstoß, der die Gardine bewegte, das Fenster war geschlossen, wovon ich mich selbst überzeugt hatte. Mein Opa hatte mir die Wahrheit gesagt, seine Seele wurde in diesen Sekunden abgeholt und an einen anderen Ort gebracht. Fasziniert habe ich mir das kleine Schauspiel angesehen.

„Jetzt nimmt der Sensenmann die Seele von Opa mit und bringt sie an einen hoffentlich schönen und ruhigen Ort, wo Opa seinen Frieden finden wird." Meine Oma und meine Mutter schüttelten die Köpfe, sie glaubten meinen Worten nicht. Auch darauf hatte Opa mich schon vor langer Zeit vorbereitet.

„Menschen haben Angst vor der Vorstellung an ein Leben nach dem Tod. Einerseits wünschen sie sich ein Leben nach dem Tod, auch als Hoffnung vor der eigenen Angst, was kommen wird nach dem eigenen Tod. Auf der anderen Seite trauen sie sich nicht, sich mit der Vorstellung auf ein Leben nach dem Tod näher auseinanderzusetzen. Stirbt ein lieber Angehöriger, wird er beerdigt, es wird getrauert und geweint. Die Suche, nach seiner Seele, sie wird vergessen. Bei einigen Menschen melden sich die Verstorbenen von allein, sie erscheinen in Träumen und lassen den Hinterbliebenen spüren, ich bin an deiner Seite."

Als Opa mir dies sagte, es war wieder einmal einer der vielen Tage, wo wir in der Gartenlaube saßen und gespielt haben. Dieses Mal war es nicht die Schachpartie, wir spielten Mensch ärgere Dich nicht.

Erst nachdem ich gewonnen hatte, das weiß ich noch genau, ich hatte die blauen Hütchen und Opa hatte sich für die roten Hütchen entschieden, sprach er weiter: „ Sich mit dem Gedanken zu befassen, dem Dasein nach dem Tod, es kostet Energie und Kraft, auch Vorstellungsvermögen. Die meisten Menschen leben einfach in den Tag und verdrängen den Tod. Die Angst vor dem Ungewissen ist an diesen Gedanken gehaftet und birgt Unruhe und Verwirrung. Dabei ist es schön zu glauben, zu ahnen, die Seelen der Lieben weilen weiterhin unter uns."

Mir sind die Worte von Opa zu jenem Zeitpunkt nicht fremd gewesen, weder die über seine Vorstellung, wir hingen an seidenen Fäden und werden von einer höheren Macht gelenkt, noch die von einem Eintauchen der Seele in einen Baum, eine Pflanze oder ein Tier. Oft genug hat er mit mir darüber gesprochen.

Bedenken Sie doch die Rolle der Katze in der ägyptischen Religion. Katzen wurden verehrt als Glücksbringer und als Hoffnung für Fruchtbarkeit. Sie wurden Jahre später gefunden, so einbalsamiert wie es sonst nur den Königen zustand. An ein Leben nach dem Tod in dem Körper der Katze wurde sicherlich auch geglaubt.

Viel später habe ich mich erst gefragt, wie kommen wir Menschen auf den Sensenmann. Zu dieser Zeit habe ich mir Informationen gesucht und diese gelesen, um besser zu verstehen.

Die Sichel ist als Werkzeug des Todes bekannt und sicherlich rührt daher auch die angeborene Angst vor diesem Werkzeug, zumindest wieder für einen Großteil der Menschen. Ausschlaggebend für die Darstellung vom Sensenmann mit der Sichel ist ein trauriges Ereignis aus dem 14. Jahrhundert. Die Pest ging um und zahlreiche Mensch starben einen qualvollen Tod. Es wurde gerätselt, versucht zu verstehen, wieso nur so viele Menschen ihr Leben lassen mussten.

Künstler, besonders die Maler waren es, die es sich zur Aufgabe machten, sich mit den Ereignissen, dem Tod, auseinanderzusetzen. Mit Hilfe von Auszügen aus der Bibel wurden Kunstwerke geschaffen, die sich mit der Pest und ihren Folgen auseinandersetzten. Der gealterte Mensch als Gabe, die Vergänglichkeit des Menschen, wurde durch verwelkte Blumen veranschaulicht. Der Tod, der kommt, um den Menschen zu holen, wurde erstmals in der Gestalt des

Sensenmanns verkörpert. Er kommt und erntet die Seelen der Toten. Er schneidet den Lebensfaden ab und beendet ein Leben. Die Sichel war sein Instrument.

Die Künstler damals, die sich mit den Folgen der Pest auseinandersetzten, versuchten umzusetzen, was sie sahen, was sie glaubten. Wie faszinierend ist es doch für unsere Generation, diese Überlieferungen als Zeitzeugen der Geschichte zu haben.

Auf einigen Bildern sind Könige und Bettler nebeneinander gemalt, was bedeutet, der Tod trifft uns alle, egal wie wohlhabend, wie erfolgreich wir sind. Hier stimmt auch wieder die Aussage meines Opas bezüglich des Karmas, dass alle Menschen die gleichen Chancen haben, ihr gutes Karma zu Lebzeiten aufzubauen.

So hat es auch mein Opa immer gesagt. Das Ende, die letzte Reise ist für alle Menschen gleich, zumindest die Minute der Abreise, das Ziel jedoch ist für viele Menschen ungewiss und hängt davon ab, wie wir zu Lebzeiten gehandelt haben. Hier kommt das Wort: Karma wieder auf.

Einmal wollte ich vor Ekel eine Spinne zertreten, was Opa mir mit lauter Stimme untersagte. „Jedes Lebewesen hat sein Recht zu leben, auch die Spinnen. Ein Mensch, der zu Lebzeiten Fehler gemacht hat, mit seinem Verhalten andere Personen zu Schaden gebracht und verletzt hat, lebt heute in einer solchen Kreatur weiter." Opa machte eine kurze Pause, in der er wieder an seiner Zigarre zog und im Anschluss kleine Wölkchen in die Luft pustete. „Auch eine Spinne sollte ihr Leben behalten, Anne. Versuche, dies für dich zu verinnerlichen und dein weiteres Verhalten danach zu richten."

Wir saßen auch an diesem Nachmittag in dem alten Gartenhäuschen, unserer Laube, wie man diesen Ort nannte, mit Blick auf den Rhein. Es muss Mitte Juli bis Mitte August gewesen sein, in dieser Zeit liegt die Erntezeit für Aprikosen. „Wenn die Aprikosen ihre typische Fruchtfarbe zeigen, die Früchte anfangen, weich zu werden, dann beginnt die Erntezeit und die Aprikosen schmecken am besten." Opa hat mir viel erklärt. In den Monaten Mai und Juni war ich oft versucht, die Früchte schon vom Baum zu pflücken, um sie zu essen, doch Opa mahnte mich zur Geduld. „Warte, Anne, bis die Aprikosen richtig gereift sind, dann schmecken sie am besten."

Nicht immer habe ich auf meinen Opa gehört und das eine oder andere Mal auch im Vorfeld genascht, was mir auch Freude bereitet hat. Dumm war nur, ich habe die Aprikosenkerne auf dem Tisch liegen lassen von unserer Gartenlaube. Mein Opa hat auch an diesem Nachmittag nicht geschimpft, er hat kurz die Stirn in Falten gelegt, dann mit seiner großen Hand die drei Kerne aufgenommen, um sie mir in meine Hände zu legen.

„Wir werden die Kerne nutzen, um einen neuen Aprikosenbaum zu pflanzen, hast du dazu Lust?" Oh ja! Und wie ich Lust hatte. Sogleich habe ich an einer geeigneten Stelle im Garten ein Loch gebuddelt mit meinen kleinen Händen, um die Kerne in die Erde zu legen.

„Warte, Anne, du bist zu ungeduldig, mein Kind." Opa kam an meine Seite und mit einem Schnaufen bückte er sich, nahm die Aprikosenkerne wieder aus der Erde heraus. Ich dachte noch, jetzt ist Opa doch böse mit mir und wir pflanzen keinen neuen Aprikosenbaum, doch ich war im Unrecht.

„Wir knacken die Kerne auf und legen die Samen vom Inneren des Kernes in die Erde. Somit ist die Chance viel höher, dass sich aus dem Samen ein neuer Aprikosenbaum entwickeln kann."

Ich war spontan begeistert und dank Opas Hilfe waren die Kerne auch rasch aufgeknackt. Im Anschluss durfte ich den Samen in die Erde schütten. „Das hast du sehr gut gemacht, Anne. Jetzt musst du den Samen noch mit Erde zudecken und im Anschluss mit reichlich Wasser begießen.

„Wie lange muss ich jetzt warten, Opa? Einen Monat oder vielleicht sogar ein Jahr?"

An das Grinsen von Opa kann ich mich noch gut erinnern. „Du wirst dich noch viele Jahre gedulden müssen, Anne. Erst dann trägt das kleine Aprikosenbäumchen die ersten Früchte."

„Oh, so lange muss ich noch warten?"

„Weißt du, Anne, an eine Ernte ist in den ersten Jahren nicht zu denken. Auch unter optimalen Bedingungen für den Baum kann erst nach einigen Jahren mit der ersten Aprikosenernte gerechnet werden."

Damals dachte ich noch, so eine lange Zeit muss ich warten, mich mehrere Jahre gedulden? Für ein Kind, so habe ich am eigenen Körper erfahren, vergeht die Zeit sehr langsam. Ist man in der Schule, dann wartet man sehnsüchtig auf die Ferien und sehnt die freie Zeit entgegen. Mir kam die Zeit bis zu den neuen Ferien immer unendlich lange vor. Richtig gefreut habe ich mich immer auf den Tag, an dem es Schulferien gab.

Heute denke ich, die Zeit rast und ein Jahr ist schneller vorbei als im Vorfeld richtig geplant. Sicherlich liegt es an den vielen Terminen, die uns die Arbeit und oft auch das Privatleben vorgeben.

Nur in der Natur erlebe ich die Ruhe, die ich auch als Kind an der Seite meines Opas spüren durfte. Es ist erwiesen, dass ein Aufenthalt in der Natur das Stresshormon Cortisol senkt, ebenso gilt dies für den Moment, wo der Mensch einen Baum umarmt.

Ich persönlich spüre jedes Mal neben der Wärme, die sich in meinem Körper ausbreitet, auch Ruhe und Entspannung. Oft gehe ich am Abend nach der Arbeit noch kurz in den Wald, zu meinem Baum. Wenn ich im Anschluss an mein Waldbaden nach Hause zurückkehre, ich bin ein glücklicher Mensch. In meiner Haut fühle ich mich besser und mein Kopf ist freier als zuvor. Mit dieser Ansicht bin ich nicht allein. Die Japaner lieben es, einen Baum zu umarmen, und haben sogar ein eigenes Wort für dieses Verhalten: Shinrin Yoku- was übersetzt heißt: Waldbaden. Eintauchen in die Natur, eins werden mit dem Grün des Waldes.

In Krisenzeiten einen Baum zuumarmen und dabei Kraft und Energie zu schöpfen, es lohnt sich, probieren Sie es selbst aus. Was lange Zeit als Marotte von Ökos galt, hat auch medizinische Effekte. Unser Immunsystem wird beim Eintauchen in die Natur gestärkt. Mein Opa hat mir schon als Kind den Rat gegeben: „Anne, wenn du Sorgen hast, dann gehe in den Wald. Umarme einen Baum und komme zur Ruhe. Im Anschluss ist dein Kopf bereit, erneut über deine Probleme nachzudenken, und sehr oft wirst du spüren, die Lösung findet sich."

Beim Umarmen meiner Eiche finde ich die Ruhe, die ich zu Hause oft suche und vermisse. Hier im Wald habe ich höchstens das Zwitschern von Vögeln, keinen Autolärm, keine Eisenbahn, nichts, was mich aus der Inneren Zweisamkeit mit meinem Opa reißt. Ich lege meine Wange an die Rinde, umarme den Baum und genieße immer wieder aufs Neue meine Nähe zu Opa. Andere Menschen sagen, sie spüren einfach die Kraft, die von einem Baum ausgeht, lassen die Ruhe des Waldes auf sich einwirken und erleben so ihre Erholung und einen positiven Effekt für die Gesundheit. Die Rinde der Bäume enthält sogenannte Terpene, die das menschliche Immunsystem stärken und auch vor Krebs schützen sollen. Beim Umarmen eines Baumes atmet man diese Terpene ein und nimmt sie über seine Haut auf. Ein weiterer positiver Aspekt für den Spaziergang in den Wald.

Opa hat mir auch viel über Pilze erklärt und mich vor den giftigen Artgenossen gewarnt, was im Roman schon angesprochen wurde. Wenn ich so zurückdenke, wir waren an drei bis vier Tagen in der Woche im Wald und haben Pflanzen und Bäume erkundet. Die Tierwelt hat Opa auch am Herzen gelegen. Regelmäßig ist er als Jäger auf seine Kanzel gegangen. Opa war ein gewissenhafter Jäger und er liebte die Tiere. Die Kranken hat er vom Leid erlöst und für die gesunden Tiere Hecken und Sträucher angepflanzt, damit sich die Tiere verstecken können und auch ihr Fressen finden.

„Weißt du, Anne, es gibt auch Menschen, die denken, unser Leben hier auf der Erde sei eine Reifeprüfung." Als mir Opa dies sagte, saßen wir ausnahmsweise in der guten

Stube. Es regnete und Opa wollte nicht riskieren, dass ich mir einen Schnupfen hole in der Gartenlaube. „Dann wäre unser Leben wie dauerhafter Schulbesuch, das klingt langweilig", war meine erste Reaktion. Opa hatte auf meine Worte hin laut gelacht und ich liebte es in solchen Momenten, die Falten in seinem Gesicht zu beobachteten, wie sie sich mit der veränderten Mimik mir nun zeigten. „Dann möchte ich später mit meiner Seele in einem Baum weiterleben oder ich möchte in einem Tier mein neues Zuhause finden", überlegte ich laut. „Das ist eine wunderschöne Vorstellung, Anne." Opa zog kurz an seiner Zigarre, sein Gesicht zeigte sich derweil besorgt für mich. „Was denkst du gerade, Opa?" „Am besten wird es sein, du sprichst nicht mit deiner Mutter darüber, Anne, es ist unser Geheimnis. Und ja, ich bin von deinen Worten überzeugt und ich freue mich zu hören, wir sind uns auch in diesem Punkt ganz nah."

Der nächste Tag bescherte uns wieder ruhiges Wetter und Opa machte den Vorschlag, wir gehen in den Wald, was mich sehr erfreute. Unterwegs fragte ich Opa: „Kann ich die Natur hören? Hat der Wald einen eigenen Ton?" Für den Moment war Opa überrascht über meine Frage und blieb stehen, sah mich nachdenklich an. „Selbstverständlich, Anne, deine Überlegungen überraschen mich, machen mich aber auch sehr stolz."

Die nächsten Minuten gingen wir schweigend weiter. „Anne, wir bleiben jetzt ruhig stehen und lauschen der Natur." Strahlend über mein ganzes Gesicht habe ich Opa mein Ja mitgeteilt. Opa meinte, wir sollten uns mit den Rücken aneinanderstellen, was wir im Anschluss an seine Worte auch taten. „Opa?"

„Ja, Anne", flüsterte Opa.

„Ich habe die Blätter des Baumes gehört, sie rascheln im Wind."

„Wir waren schon sehr oft hier im Wald, Anne. Bisher hast du das Rascheln niemals gehört und bewusst wahrgenommen?"

„Nein, Opa."

„Was hörst du noch, Anne?"

Wieder konzentrierte ich mich auf mein Umfeld und dann hörte ich Vogelgezwitscher, was ich Opa sagte.

„Anne, wenn es wieder wärmer wird, dann ziehen wir die Schuhe aus, auch unsere Strümpfe, und gehen über die Wiese. Ich habe das als Kind sehr oft gemacht und es fühlt sich herrlich an, wenn das Gras an den Füßen kitzelt."

Für mich klang der Plan nach jeder Menge Spaß und natürlich war ich von der Idee angetan und sogleich begeistert.

„Anne, ab heute versprichst du mir, wann immer du in den Wald gehst, auch auf das zu achten, was du hörst."

„Es war bisher so selbstverständlich für mich, Opa. Ich habe einfach nicht auf die Geräusche geachtet."

„Jetzt gehen wir weiter, Anne, und machen ein kleines Spiel, hast du Lust?" Selbstverständlich hatte ich Lust auf ein Spiel. „Wie soll das Spiel gehen?"

„Du kennst es schon, Anne. Ich sehe etwas, das du nicht siehst, und das ist hellgrün."

„Du meinst das Gras, Opa?"

Unser Spiel machte nicht nur mir Freude, auch Opa wirkte sehr gelöst dabei und wir haben an diesem Nachmittag sehr viel gelacht.

„War dein Tag heute schön, Anne?", fragte Opa auf dem Nachhauseweg.

145

„Ja, ich habe mich gefreut, das Rascheln der Blätter bewusst wahrzunehmen und zu hören. Auch unser Farbenspiel war schön."

„Spürst du die Faszination, die uns Menschen umgibt beim Eintauchen in die Natur?"

„Ich habe Spaß gehabt, Opa, das mit dem Eintauchen kann ich noch nicht verstehen."

„Hier in der Natur können die Menschen ihre Sorgen vergessen. Viele Leute leben in einer großen Stadt und sind jeden Tag aufs Neue Stress ausgesetzt. Zu einem der viele Autoverkehr in den Straßen einer Stadt. Die Menschen können dem nicht entfliehen, zumindest nicht im Alltag, wenn sie zur Arbeit gehen oder Einkäufe für ihr Essen machen. All diese Eindrücke müssen die Menschen, die in großen Städten leben, verarbeiten. Auch die Gerüche sind nicht gesund und machen ebenso krank wie der Geräuschpegel. Stell dir nur einmal vor, Anne, du würdest in eine Grundschule gehen, wo es nicht nur eine dritte Klasse gibt, sondern gleich fünf oder sechs und ebenso viele Parallelklassen für die Stufen eins und zwei und vier."

„So viele Kinder gibt es in unserem Dorf nicht und auch in den Nachbarorten nicht."

„Hier auf dem Land nicht, Anne, in der Stadt ist das jedoch nicht außergewöhnlich."

„So viele Kinder auf einem Schulhof? Ich kann mir das nicht einmal vorstellen, Opa."

„Wir machen nächste Woche einen Ausflug in eine Stadt und dann gehen wir bewusst in die Einkaufsstraße und trinken einen Kakao und beobachten die Menschen, die an uns vorbeigehen."

„Wir waren schon oft in einer großen Stadt und ich kann mir gut vorstellen, was du meinst, Opa. Dann sind die Menschen aber froh, am Wochenende einmal aus der Stadt herauszukommen."

„Viele Menschen sehen das genauso, Anne. Sie sind am Wochenende auf der Suche nach der Stille. Daher fahren die Menschen in ihrer Freizeit gerne auf das Land, gehen in den Wald, um in der Natur zur Ruhe kommen. Sie können sich von der Ruhe der Natur beruhigen lassen und finden im Anschluss neue Energie und Kraft, wieder in ihr gewohntes Leben zu gehen."

„Wenn ich in der Schule davon erzähle, wird die Lehrerin mich wieder so komisch ansehen?"

„Es kann passieren, Anne. Weißt du, viele Menschen sind in ihrem Körper und ihrer Einstellung gefangen. Loslassen, um das Leben aus einem neuen Blickwinkel zu sehen, dazu gehört Mut."

Im Anschluss gingen wir Hand in Hand weiter, erzählten über die Erlebnisse des Ausfluges, erfreuten uns an den gemeinsamen Eindrücken, die wir an diesem Tag gewonnen hatten.

Unseren Ausflug in die Stadt haben Opa und ich eine Woche später in die Tat umgesetzt. Ihm war es sehr wichtig, mir noch einmal zu veranschaulichen, was er mir versucht hatte zu erklären. Beim Eisessen, wir saßen in einem Straßencafé, konnte ich sehen, was Opa mir hat sagen wollen. „So viele Menschen, die hier durch die Einkaufsstraße laufen, sehe ich sonst oft in einer Woche nicht."

Auf der Rückfahrt meinte Opa zu mir: „Mir hat das Eintauchen in die Stadt heute sehr gut gefallen, jetzt aber freue ich mich schon sehr auf unser kleines Dorf."

„Morgen gehen wir wieder in den Wald", meine Worte kamen wie selbstverständlich über meine Lippen und Opa, so durfte ich sehen, hat spontan genickt.

Eine schöne Entdeckung

Jahre später, Opa war schon von mir gegangen, da habe ich einen Brief von ihm gefunden, beim Aufräumen des Dachbodens von meinem Elternhaus.

Dieser Brief war in einer alten Jackentasche von Opa, die in einem Holzschrank auf dem Dachboden hing. Meine Mutter muss nach Opas Tod einige seiner Kleidungsstücke bei uns aufbewahrt haben. Jahrelang hatte sich niemand dafür interessiert und das muss auch der Grund sein, wieso niemand den Brief schon Jahre zuvor gefunden hatte.

„Liebe Anne,
meine Sanduhr läuft und läuft, es wird nicht mehr lange dauern und das letzte Körnchen ist an der Reihe. Meine Zeit hier auf der Erde ist bald zu Ende. Kein Grund zum Weinen oder Traurig zu sein, Anne. Ich hatte bis heute ein wunderschönes und erfülltes Leben. Besonders die Jahre, nachdem du auf die Welt gekommen bist, haben mir gutgetan. Unsere Ausflüge habe ich genossen, deine Liebe zur Natur mit Freude verfolgt. Nicht jedem Menschen ist es vergönnt, die Geschenke des Himmels auf der Erde auch zu erkennen und zu würdigen. Ich würde mich sehr freuen, liebe Anne, wenn du eines Tages deinen Kindern den Weg zur Natur ebnest und ihnen erklärst, was du von mir gelernt hast.
Wichtig ist für mich, Anne, bleibe dir im Herzen treu und lass dich nicht verbiegen. Mir hat mein Herz geschmerzt, als ich von dir erfahren durfte, weder deine Mutter noch deine Lehrer haben dich sich frei entfalten lassen. Sie haben nicht glauben wollen, was wir gemeinsam in der Natur gefunden haben, was wir erfahren durften.

149

Für den Moment war es richtig von dir, zu schweigen. Mit den nächsten Jahren, Anne, wirst du in dir als Persönlichkeit weiter reifen und selbstbewusster werden. Denke bitte, so oft es geht an meine Ratschläge.

Erlaube dir selbst, glücklich zu sein.

Menschen, die in der Lage sind, sich an Kleinigkeiten zu erfreuen, die gehen leichter durch das Leben. Es gibt leider nicht nur Sonnenschein, auch der Regen gehört zu unserem Leben dazu.

Ich liebe mich selbst, Anne. Ja, es mag sich komisch anhören und doch ist es die Wahrheit. Ich bin mein bester Freund und achte darauf, dass es mir gutgeht. Achte du immer auf dich und trage die Liebe zu dir selbst in deinem Herzen.

Weil ich bereit bin, mich zu lieben, kann ich auch von anderen Menschen so geliebt werden, wie ich bin.

Es gab einige Menschen im Dorf, die über mich geredet haben. Ich sei ein alter Mann mit Einstellungen, die schon an meinem geistigen Zustand zweifeln lassen.

Diese Leute haben es nicht verstanden, ihr Leben zu genießen, auch die Wunder auf Erden aufzunehmen.

Mit meiner Einstellung habe ich sehr gut und schon sehr lange gelebt. Energie und Zuversicht erhalte ich auch noch heute aus meinem Glauben und meiner Ansicht für ein Weiterleben nach dem Tod.

Diese Einstellung nimmt mir die Angst vor dem nächsten Weg, den ich bald antreten werde. Meine Seele, so weiß ich, sie bleibt hier auf der Erde und somit werde ich dir immer nahe sein. Unsere Verbundenheit kann uns niemand nehmen.

Sei achtsam, liebe Anne, und spüre die kleinen Momente des Glücks – auch jetzt, nachdem du meinen Brief gelesen hast.

Nicht traurig sein, Anne. Freue dich viel mehr in der Erinnerung an die schönen Stunden, die wir gemeinsam verbringen durften. Überzeugt bin ich davon, du findest meine Seele hier auf Erden, meine Anne.

In Liebe Dein Opa"

Für den Moment war ich sprachlos. Nur gut, dass ich den Brief noch gefunden habe, wenn auch erst Jahre nach Opas Ableben. Ich denke, nach dem Tod haben Mutter und Oma den Schrank mit Opas Kleidung ausgeräumt und einfach alle Sachen weggegeben oder fortgebracht. Zum Glück hat meine Mutter ausgerechnet diese alte Jacke von meinem Opa behalten und mir somit die Möglichkeit geschenkt, wenn auch nach vielen Jahren, seinen Brief noch zu finden und zu lesen.

Mit einem Male hatte ich einen Wunsch in mir, den ich unbedingt in die Tat umsetzen musste.

Ich suchte mir einen Bogen Schreibpapier, einen Füller und setzte mich an den einen Holztisch, an dem Opa früher gerne saß. Das, was ich aufschreiben wollte, es war schon sehr lange in meinem Kopf und in meinem Herzen.

,,Mein lieber Opa,
in meinen Träumen sind wir noch ganz nah beieinander. Ich habe immer, wenn ich meine Augen schließe, das Gefühl, ich bin in deiner unmittelbaren Nähe. Oft ist es so, als kann ich dich riechen. Glaube mir, Opa, noch immer habe ich deinen Geruch, den ganz eigenen Duft deiner Haut, in meiner Nase.
Meine Nase scheint sehr gut zu funktionieren. Oft denke ich, leider ist mein Geruchsinn in mancher Hinsicht zu ausgeprägt.

In den Augenblicken, an denen ich noch immer deinen Duft in der Nase trage, bin ich einer der glücklichsten Menschen. Es gibt jedoch auch die Tage, an denen ich den Geruch des Todes rieche, und ich durfte die verrückte Erfahrung machen, ich kann den Tod vorsehen. Diese Gabe macht mich nicht glücklich, sie ängstigt mich und ich frage mich immer wieder, wieso nur habe ausgerechnet ich diese Begabung, den Tod zu riechen, bevor der Sensenmann die Seele mitgenommen hat? Gibt es eine Botschaft, die hinter meiner Fähigkeit liegt? Es muss so sein, davon bin ich überzeugt. Vielleicht hat dem Sensenmann mein Verhalten an deinem Sterbebett imponiert, was meinst du zu meinen Gedanken?

Du, mein Opa, hast mir einmal gesagt, es gibt für alles eine Erklärung. Dinge, die wir aktuell noch nicht zuordnen oder verstehen können, müssen wir annehmen und geduldig warten, bis sich das Rätsel löst.
Du fehlst mir an meiner Seite als Begleiter und Berater. Meine Zeilen sollen dich nicht traurig stimmen, mir geht es doch gut. Immer wieder erlaube ich mir, einzutauchen in die Erinnerungen an die gemeinsame Zeit mit dir.

Ich würde mir wünschen, lieber Opa, ich kann noch viele Briefe von dir finden.

Eine liebe Umarmung
Deine Anne"

Für den Moment setzte ich mich auf den Boden, den Brief noch immer in meinen Händen haltend. Das Haus meiner Großeltern wurde viel zu rasch verkauft, so meine Überlegung. Wer weiß, vielleicht hätte ich darin noch mehr Briefe von meinem Opa gefunden, wenn ich doch nur noch mehr Zeit bekommen hätte, in dem Haus zu suchen, noch einige Stunden und Tage hätte dort verbringen dürfen. Plötzlich fiel mir ein, ich habe im Internat einen Brief an meinen Opa geschrieben und aus Verzweiflung, da ich nicht wusste, wohin ich senden sollte, diesen unter eine Eiche gelegt. Tage später, ich war erneut im Wald und kam an der Eiche vorbei, war mein Brief verschwunden.

Wohin, so frage ich mich, kann ich meinen Brief senden, den ich gerade für meinen Opa geschrieben habe? Diesen auch im Wald abzulegen, diese Idee gefiel mir nicht.

Lange Zeit zum Nachdenken brauchte ich nicht, mir kam sogleich eine Idee in den Sinn, die mir gefiel und die ich auch in die Tat umsetzte.

Zunächst musste ich mich jedoch noch gedulden und dafür Sorge tragen, das alte Jackett wieder in den Schrank zuhängen. Kurz ließ ich mir die Zeit, auch die anderen Kleidungsstücke von meinem Opa, die ich noch in dem Schrank fand, anzusehen. Viele Erinnerungen kamen zum Vorschein. Neben Opas alter Kleidung, die mich natürlich auch an viele unserer Ausflüge erinnerte, kamen auch sein Rucksack und zwei Hanteln von ihm ans Tageslicht. Den Rucksack nahm ich an mich. So viele schöne Erinnerungen sind für mich damit verknüpft, dass mir sogleich bewusst war, ich kann ihn nicht hier auf unserem Speicher in dem Schrank liegen lassen. Dann überlegte ich, was Mutter noch mit Opas Kleidung wollte. Mir kam auch hierzu eine Idee, die meinem Opa sicherlich gut gefallen hätte.

Opas Kleidung, die ich im Schrank fand, die zumindest, die noch gut erhalten war, packte ich ordentlich zusammen und brachte sie zu Menschen, die in sehr armen Verhältnissen lebten. Eine Jacke jedoch ließ ich in unserem alten Schrank hängen für meine Mutter als Erinnerung an ihren Vater. Meine Mission war rasch ausgeführt und ich trug im Anschluss ein gutes Gefühl in mir.

Viel später erst fiel mir mein Brief wieder ein und ich tastete an meiner Hosentasche und spürte den Brief, den ich meinem Opa geschrieben habe, durch den Stoff hindurch. Mein Plan, den Brief an Opa zu versenden, er war gefasst und sollte nun umgesetzt werden.

„Anne, was machst du nur wieder? Bist du nicht zu alt dafür? Mit Luftballons spielen kleine Kinder", Mutters Gesichtsausdruck sprach Bände, als ich zu Hause am Hantieren war. Sie war einmal mehr von meinem Handeln enttäuscht, was mir in diesen Minuten jedoch egal war. Endlich hatte ich den Weg für mich gefunden, meinem Opa Briefe zu schreiben und somit meine Sorgen und alles, was mir auf der Seele brannte, mitteilen zu können.

Den Ballon mit Gas aufzufüllen, war eine Herausforderung, der ich mich stellte. Im Ort gab es einen Mann, den ich noch von meinen Besuchen mit Opa kannte. Mir war bewusst, dieser Mann kann mir weiterhelfen. Er zählte zu den wenigen Menschen hier im Dorf, die Opa regelmäßig aufsuchte, um sich auszutauschen.

„Wir sehen uns zum Abendessen, Mutter", eilte ich raus auf die Straße. Die Blicke meiner Mutter spürte ich noch im Rücken, bis die Haustüre ins Schloss fiel.

„Guten Tag, erinnern Sie sich noch an mich?" Mit diesen Worten betrat ich die alte Werkstatt.

„Anne! Natürlich erinnere ich mich an dich. Geht es dir gut?"

Rasch gab ich dem Mann eine Erklärung für meinen Besuch.

„Ich werde dir helfen", lächelte er mich sanft an und fing sogleich an, meinen Ballon mit Gas aufzufüllen.

„Dann viel Erfolg, Anne!" Mit diesen Worten durfte ich den Ballon wenig später in meine Hände nehmen. Der alte Mann hatte sich nicht über mein Handeln, meine Bitte an ihn, gewundert, sondern mir geholfen, meinen Wunsch in die Tat umzusetzen, ohne dumme Kommentare abzugeben. Zunächst hatte er verwundert auf den Briefumschlag gesehen, auf dem der Name meines Opas stand, dann aber hat er gelächelt.

„Wie schön, Anne, du denkst noch immer an deinen Opa. Hoffentlich werde ich später auch so vermisst und meine Enkel denken noch an mich, wenn ich gestorben bin."

Meinen Ballon mit Opas Brief habe ich erst in die Luft steigen lassen, als ich allein war. Dafür bin ich auf eine Wiese vor dem Wald gegangen, wo Opa und ich früher sehr oft gemeinsam waren.

„Flieg zu meinem Opa", mit diesen Worten ließ ich den Luftballon los und blickte ihm zufrieden nach, bis er nur noch als winziger Punkt für mich am Himmel zu erkennen war. Eine Weile blieb ich noch auf der Wiese sitzen und dachte über die schönen Momente an der Seite meines Opas nach.

Auf dem Weg nach Hause zu meiner Mutter spürte ich ein Gefühl der Erleichterung in mir. Sehr lange hatte ich dieses Gefühl in mir vermisst und sehr lange war ich auf der Suche danach gewesen.

An jenem Abend habe ich mich noch einmal auf den Weg zu Opas altem Haus gemacht. Von der Straße aus habe ich die Gartenlaube gesehen und mir erlaubt, meine Gedanken in die Vergangenheit wandern zu lassen. So viele schöne Stunden hatte ich hier mit meinem Opa verbringen dürfen. Selbst unser Schachspiel hatte ich in Opas altem Rucksack mitgenommen, als Erinnerung an ihn. Mir fiel auch ein, ich wollte doch gegen den Sensenmann spielen und gewinnen. Meinen Opa somit vor dem Tod retten. Ich erlaubte mir an diesem Abend, meine Gedanken ganz der Vergangenheit zu widmen.

Erst gegen Mitternacht bin ich wieder gegangen. Einige der alten Nachbarn habe ich im Verlauf des Abends gesehen und natürlich kam direkt die Frage auf, was ich tue.

„Ich nehme mir die Zeit, an meinen Opa zu denken", habe ich wahrheitsgemäß geantwortet. An den Augen der Nachbarn konnte ich sehen, ich wurde nicht verstanden. Mit gemischten Gefühlen bin ich nach Hause gegangen, in meinem Kopf war die Frage: Hätte ich meine Mutter überreden müssen, damals das alte Haus mit der Gartenlaube zu kaufen? Die Antwort fiel mir sogleich ein. Meine Mutter war leider nicht in der Lage dazu. Meine Mutter hatte kein

Geld für den Hauskauf übrig und somit musste ich die Geschehnisse akzeptieren.

Opa wollte immer, dass ich meinen Weg gehe und nicht zurückschaue. „Blick in die Zukunft", waren seine Worte, „die Vergangenheit ist gelebt und kann nicht mehr verändert werden."

Opa hatte noch Schulden auf dem Haus, ansonsten hätte er es mit Sicherheit Mutter und mir vermacht. So aber konnte meine Mutter nur dem Verkauf zustimmen, um wenigstens einen Teil des Erbes zu erhalten.

Wie sehr ich diesen Platz in der alten Gartenlaube liebte und heute noch vermisse, wurde mir schon wenige Tage, nach Opas Tod bewusst. Leider habe ich heute keinen Zugang mehr zu dem Haus. Nur die Erinnerung bleibt mir erhalten und die hüte ich wie einen kostbaren Schatz. Meine Wege führen mich noch heute oft an Großvaters altem Haus vorbei. Und wenn ich den Aprikosenbaum sehe, der direkt neben der Laube steht, bin ich zufrieden. Hin und wieder habe ich mir von dem Baum Aprikosen genommen und mit Genuss gegessen. Einmal haben die neuen Besitzer mich bemerkt, was mir zunächst unangenehm war.

„Hallo, Anne! Du kannst dir gerne Aprikosen pflücken", hatte mir ein Mann zugerufen.

„Sie kennen mich?"

„Von den Erzählungen der Nachbarn, Anne." Er lächelte sanft. „Du hast in diesem Garten viele Stunden mit deinem Opa verbracht, habe ich gehört."

Rasch pflückte ich noch eine Handvoll Aprikosen von dem Baum, dann machte ich mich auf den Weg. „Ich danke

Ihnen!", warf ich dem netten Mann noch zu, dann aber eilte ich davon.

Von meinem Opa habe ich viel gelernt, so auch, alle Arten von Lebewesen zu hüten.

„Auch Ameisen solltest du nicht zertreten und die Regenwürmer immer achten. Es sind auch Kreaturen und wer weiß…", Opa hob seinen Finger in die Höhe. Dies war ein Zeichen für mich, besonders gut zuzuhören. Opa war sehr belesen und ich liebte es, ihm zuzuhören. Für mich gab es keinen Menschen, der mehr wusste als er, außerdem nahm er sich immer die nötige Zeit, alle meine Fragen zu beantworten.

Wir zwei waren Seelenverwandte und sind es bis heute geblieben, über den Tod hinaus. Ich spüre noch seine Nähe und es gibt Situationen, in denen ich davon überzeugt bin, seine Nähe nicht nur zu erahnen, ich bin mir bewusst, ihn an meiner Seite zu haben.

„Gerade in der ägyptischen Mythologie wurde schon viel über die Wanderung der Seelen in ein Tier berichtet", gab Opa mir als Kind Auskunft. Vor mir auf dem alten Holztisch stand mein Kakao ebenso ein Teller mit Keksen. Diese Nachmittage waren gemütlich und informativ zugleich. Ich erfuhr von der Exkursionsseele, eine Bezeichnung für einen seelischen Aspekt, der sich trotz einer engen Bindung zu dem Körper von diesem lösen kann. Inzwischen habe ich viele Bücher darüber gelesen und bin glücklich, auf diese Weise für meine Einstellung zum Tod und dem Leben danach Bestätigung zu finden. Tröstlich empfinde ich, dass vieles davon meine Gewissheit und Opas Worte bestätigt.

„Seelen, die den Körper verlassen und eigenständig agieren, werden in der Ethnologie „Freiseelen" genannt", durfte ich erfahren. Das Wort „Freiseelen" kam mir in den Sinn, als Opa starb, als der Sensenmann seine Seele wegtrug und er für immer einschlief, zumindest sein Körper, das, was noch von Opa für uns sichtbar übriggeblieben war.

„In welchem Tier werde ich wiedergeboren?", wollte ich an einem Nachmittag von meinem Opa wissen. Diesen Nachmittag mit Opa in der alten Gartenlaube, ich habe ihn noch vor meinen Augen. Genüsslich lehnte sich mein Opa an die Holzvertäfelung zurück, zog an seiner Zigarre und schien nachzudenken.

„Die Ägypter glaubten an ein Tier für die Aufnahme der Seelen, mir scheint jedoch auch ein Baum oder eine Pflanze ebenso richtig zu sein", sah mich Opa an.

„Welchen Baum würdest du dir aussuchen für deine Seele? Oder doch lieber ein Tier? Und wenn ja, welches Tier würde dir gefallen?"

Auf eine Antwort musste ich warten, ich warte noch heute darauf. Die Erkenntnis, Opas Seele steckt in der alten Eiche in unserem Wald, kam viel später. Immer wieder kam ich auf meinem Weg durch die Natur an diesem Baum vorbei. Ein Gefühl der Wärme breitete sich in meinem Körper aus, ohne dass ich den Zusammenhang zunächst erkennen konnte.

An einem Tag, ich war etwas müde und habe mich kurz unter die alte Eiche gesetzt, um mich in deren Schatten auszuruhen. An diesem Tag habe ich nicht nur die Wärme gespürt, sondern auch die Nähe meines Opas. Meiner spontanen Eingebung, den Baum zu umarmen, bin ich nachgekommen. Meine Wange habe ich an die Rinde gedrückt, mit den Armen den Baum umfasst und mich ganz nah an ihn gestellt. Wellenartig floss Wärme durch meinen ganzen Körper, es war, als zeige mir der Baum auf diese Weise seine Zuneigung, seine Nähe.

In den folgenden Wochen und Jahren habe ich in regelmäßigen Abständen meine Eiche besucht und immer wieder dieses wundersame Erlebnis gemacht, die Nähe meines Opas zu spüren. Mit einem Male kamen Erinnerungen in meinen Kopf an gemeinsame Erlebnisse, die ich schon vergessen hatte.

Opa sagte mir oft: „In der Natur findet der Mensch sein Seelenwohl."

Dem stimme ich nur allzu gerne zu. Wenn ich mich auf den Wald einlasse, die Düfte des Waldes inhaliere, die Naturgeräusche aufnehme, dann finde ich meine innere Ruhe.

Es ist allgemein bewiesen, dass Menschen, die sich in der Natur aufhalten, die Beobachtung machen, ihr Blutdruck senkt sich und die Atem - und Herzfrequenz nehmen ab.

Einen gesunden Spaziergang nannte Opa oft unsere Ausflüge in den Wald, wie recht er doch hatte!

Durch die Bewegung auf dem Hin und Rückweg in den Wald tun wir unserem Körper viel Gutes. Wir bauen das Stresshormon Cortisol ab. Bewegung und die Ruhe der Natur sind gesund und können unser Leben verlängern.

An mir habe ich beobachtet, ich bin glücklicher, wenn ich mir die Zeit nehme am Abend, nach der Arbeit, in den

Wald zu gehen. Auch das Wetter spielt dabei keine große Rolle. Wie mein Opa gerne sagte, es gibt kein schlechtes Wetter, nur die falsche Kleidung.

Lassen Sie sich einmal auf das Abenteuer Waldbaden ein und spüren am eigenen Körper die positive Reaktion im Nachgang.

Sorgen des Alltages werden kleiner, der Kopf freier und wir sind nach dem Waldbaden aufnahmefähiger als zuvor. Sicherlich kann nicht jeder, der diese Zeilen liest, sein Verständnis für meine Worte und Gefühle finden, oder sollte ich schreiben, dieses zulassen? An etwas zu glauben, das wir nicht sehen können, daran scheitern viele Menschen. Den Versuch jedoch, seine persönliche Erholung in der Natur zu finden, sollten Sie ausprobieren und zulassen.

Meine Empfindungen beim Umarmen meiner Eiche sind für mich wunderschön und wichtig. Ich bin dadurch dem Menschen nahe, den ich schon zu Lebzeiten so sehr geliebt habe. Der Tod ist von uns nicht beeinflussbar, was ebenfalls vielen Menschen Angst bereitet. Auch der Beruf eines Bestatters hat noch immer etwas Furchterregendes für viele Personen. Sich mit dem Ende des Lebens zu beschäftigen, diese Fähigkeit ist nicht vielen Leuten gegeben.

Anhänger des Hinduismus glauben, dass mit dem Tod nur die Zeit des Daseins auf der Erde zu Ende geht. Sie glauben an die Auferstehung der Seele in einem neuen Lebewesen. Hierbei ist auch wichtig, dass jeder Mensch im Laufe seines Lebens den späteren Wohnort der Seele beeinflussen kann. Durch seine guten oder schlechten Taten wird die Zukunft beeinflusst – hier sind wir wieder bei dem Karma, das mein Opa auch gerne angesprochen hat. An die Wiedergeburt glauben auch die Buddhisten. Allerdings geht es dabei weniger darum, zu Lebzeiten gutes Karma zu sammeln. Sie suchen vielmehr, das Nirwana als höchste Form der Erleuchtung zu erreichen. Dort soll das ewige Glück zu finden sein, wo alle Wünsche und Sehnsüchte überwunden sind. Hier sind der Glaube und die Meditation wichtig, doch auch Achtsamkeit den Mitmenschen und allen Lebewesen gegenüber sowie das Loslösen von irdischen Begierden.

Wie schon von mir beschrieben, die Vorstellung, ein geliebter Mensch ist nie ganz von der Erde gegangen, sie tut der Seele gut.

Erinnerung

Meine Gedanken lasse ich noch einmal zu dem Tag wandern, als Opa beerdigt wurde.

Die Sonne kam trotz gegenteiliger Ankündigung in den Nachrichten zum Vorschein. Wie es von mir erwartet wurde, kleidete ich mich in Schwarz, in der Farbe der Trauer die verrückter Weise auch die Farbe ist, die bei Festlichkeiten und runden Geburtstagen von den meisten Menschen getragen wird.

In diesem Zusammenhang muss ich an ein Event, Jahre nach der Beerdigung denken, als ich schon eine junge Frau war. Auf eine Einladung zum Eintritt in die Pension eines lieben Kollegen habe ich mir ein schwarzes Kleid für das Treffen ausgesucht, um dem Gastgeber gegenüber zu zeigen, er ist mir wichtig. „Wieso nur tragen Sie Schwarz? Die Farbe der Trauer?", hat der Gastgeber mich beäugt. Meine Antwort kam aus meinem Herzen: „Bei unserem nächsten Treffen trage ich ein buntes Blumenkleid." Wir haben beide spontan auf meine Antwort gelacht. Meine Worte, von denen ich selbst absolut überzeugt war und an deren Ausführung ich nicht gezweifelt habe, sie sollten nicht in Erfüllung gehen. Die nächste Begegnung, sagen wir das Zusammenkommen mit seinem Körper, war am Tag seiner Beerdigung, die leider viel zu rasch der Pensionierung folgte. Um nicht aus dem Rahmen zu fallen, habe ich einen schwarzen Hosenanzug getragen, jedoch steckte in meiner Jackentasche ein hübsches buntes Tuch, sozusagen als letzter Blumengruß.

Meine Mutter und meine Oma hätten mir niemals erlaubt, zu Opas Beerdigung ein Kleidungsstück zu tragen, das nicht die Farbe Schwarz zeigt.

Schon beim Anziehen der schwarzen Kleidung für Opas Beerdigung kamen mir Zweifel an der Richtigkeit der Garderobe. Leider hatte ich keine Wahl gelassen bekommen und so habe ich mich dem Zwang, der Tradition, gefügt.

„Jetzt liegt er gleich unter der Erde", jammerte Oma auf der Fahrt zum Friedhof.

„Nein, das tut Opa nicht. Seine Seele lebt doch noch unter uns weiter, Oma. Es ist doch nur seine Hülle, der Körper, den wir heute beerdigen", an der Stelle wurde ich barsch unterbrochen. „Ungezogene Göre", kam an meine Ohren und ich entschied mich, zu schweigen. Mein Blick wanderte aus dem Autofenster und ich grinste in der Gewissheit, Opas Seele zu finden. Eines Tages wird der richtige Zeitpunkt kommen, davon war ich überzeugt.

Sehr viele Menschen waren zu der Beerdigung gekommen, um meinem Opa das letzte Geleit, die letzte Ehre, zu schenken.

Genau erinnere ich mich noch an den Moment, als der Pfarrer in der Leichenhalle nach schönen Worten suchte, um meinen Opa und sein Handeln zu Lebzeiten zu würdigen. Der offene Sarg stand neben dem Pfarrer, was einige der Anwesenden zu Tränen brachte, mich jedoch nicht.

Oma und Mutter habe ich nur weinend in meinen Erinnerungen, einen Teil der Verwandtschaft ebenso. Mir kam an diesem Tag, wie schon erwähnt, keine einzige Träne über meine Wangen. Meine Augen blieben trocken. Nur bei den Worten des Pfarrers wurde ich traurig, mehr auch nicht. Mein Opa, das habe ich gewusst und gespürt, lebt mit seiner Seele weiter auf der Erde, ich muss ihn nur finden. In seinem Sarg liegt nur noch die Hülle, war mir in diesen Minuten bewusst. Sein Gesicht war vom Leichenbestatter sehr gut geschminkt worden. Eine fahle Haut habe ich erwartet, nicht ein so rosiges Gesicht. Mir fiel auf dem Weg zum Grab ein, was Opa mir oft gesagt hatte: „Gutes Karma hat positive Auswirkungen auf das nächste Leben."

Für Opa muss es ein gutes neues Leben geben, war mein nächster Gedanke. Ich habe keinen gütigeren und gleichzeitig lebensbejahenderen Menschen getroffen, als er es war.

„Verhalte dich jedem Menschen offen und gut gegenüber", waren Opas Worte. Mein Opa war ein friedvoller Mensch. „Schlechtes Karma hat Auswirkungen auf das nächste Leben", fügte er gerne nach. Auf meine Nachfrage, was er mir sagen möchte, hörte ich ihn antworten: „Die Gefahr, als Käfer weiterzuleben, sie ist groß. Hingegen wird die Aussicht, in einem Baum seinen weiteren Weg zu finden, sehr gering sein. Im Hier und Jetzt ebnet der Mensch sich die eigene Zukunft."

Viel später erst habe ich angefangen, mir Literatur zu suchen, die sich genau mit dieser Aussage meines Opas beschäftigt. Mit der Einstellung meines Opas, die auch ich vertrete, können sich viele Menschen nicht anfreunden und doch steckt mehr als nur ein Körnchen Wahrheit dahinter. Lassen Sie sich die Zeit, über meine Zeilen nachzudenken, und gehen mit offenen Augen in den Wald.

Nicht nur ich empfinde Wärme und Nähe beim Umarmen eines Baumes und ich bin nicht die Erste, die sicher ist, die Stimme eines Toten zu hören. Zu spüren, mein Opa ist in meiner Nähe.

Überall auf der Welt finden sich Hinweise für ein Leben nach dem Tod. Im alltäglichen Umgang miteinander haben auch Sie bestimmt schon einmal gesagt: „Denk nur an dein Karma, überlege dir, was du tust und sagst."

In der altindischen Sprache bedeutet Karma einfach: Alles hat seine Ursache und Wirkung. Jedes gesprochene Wort, jeder Gedanke, jede Handlung hat nach diesen Überlieferungen ein karmisches Potenzial.

Auch in der Mythologie finden wir Hinweise zur Wiedergeburt. So dachten die Menschen damals, der hinduistische Gott sei in einem lebendigen Tier anzutreffen.

Kurz gesagt, jeder Mensch hat sein Handeln und Tun selbst in der Hand und ist somit für die Folgen allein verantwortlich.

Opa hat mir oft von seinem Kontakt zu seinem verstorbenen Bruder erzählt. Achtsamkeit im Umgang mit den Mitmenschen war ihm immer sehr wichtig. Nur beim Spielen konnte Opa mogeln ohne Ende. Kein Kartenspiel, bei dem er nicht versuchte zu tricksen. Auch hier habe ich viel von ihm gelernt. So weiß ich inzwischen die Karten so zu mischen, dass ich am Ende bei der Ausgabe der einzelnen Spielerkarten im Vorteil bin. Mit dem Verlieren hatte ich als Kind so meine Probleme und gerne rollten im Anschluss auch ein paar Tränen über meine Wangen. Einmal wollte ich meinen Opa provozieren und sagte: „Was ist mit deinem guten Karma, wenn du mogelst?"

Laut und polternd war meine Stimme ihm entgegengedonnert. Opa hatte sich gemütlich in der alten Gartenlaube zurückgelehnt, eine Zigarre angezündet und erst einmal genüsslich daran gezogen. Ich musste warten, was mir schwerfiel. „Wir haben doch nur gespielt, Anne", hörte ich ihn im Anschluss sagen. „Niemals würde ich dir im wahren Leben einen Schaden zufügen, das ist etwas ganz anderes." Zu diesem Zeitpunkt fand ich Opas Verhalten ungerecht und verstanden habe ich seine Worte erst Jahre später, was mir heute sehr leid tut.

Seit ich meine Eiche gefunden habe, ist meine Angst vor dem Tod endgültig verschwunden. Aufgewachsen bin ich mit den Ansichten vom Christentum. Hier wird gesagt, Sünden, die man begeht, sie werden, bestraft. Jedes Kind hat schon von der Hölle gehört, in der die Sündigen schmoren und leiden sollen.

Ein liebender Gott, so meine persönliche Frage, wieso sollte er einem Menschen so einen Schmerz zufügen? Wo bleibt die Vergebung der Sünden bei der Vorstellung, eines Tages in die Hölle zu kommen?

„Menschen, die viele Fehler zu Lebzeiten begannen haben, kehren als Spinne oder Ameise zurück. Sie müssen sich einem Leben fügen, das ständige Gefahr bedeutet. Menschen töten Spinnen, da sie diese für hässlich halten. Kein Mensch würde ein kleines Kaninchen töten, da es süß aussieht. Ameisen sind auch nicht beliebt und werden gerne zertrampelt oder von größeren Tieren gefressen, sozusagen als Zwischenmahlzeit gesehen. Möchten Sie so eine Wieder= geburt haben? Als Spinne oder im Körper einer Ameise?

„Siehe die Chance, die dahintersteckt", waren Opas Worte. Mein Opa fügte noch nach: „In der Hölle zu sch= moren, bedeutet das absolute Ende von jedem Sein. Wir denken automatisch an Schmerzen", ich gab seinen Worten Recht. „Als Tier oder in einem Baum oder einer Pflanze wiedergeboren zu werden, bedeutet, wir leben weiter auf der

167

Erde, in der Nähe von den Menschen, die uns zu Lebzeiten wichtig waren, und wir haben eine realistische Chance, unser Handeln zu verbessern." Für mich klingen seine Worte noch heute sehr positiv. Oft denke ich an den Spruch: Jeder Mensch bekommt, was er zu Lebzeiten gesät hat, wobei wir wieder beim Karma angekommen sind.

„Jeder Mensch produziert täglich sein Karma. Du musst dir dessen nur bewusst sein, Anne, dann gehst du achtsamer durch dein Leben." Eine Aussage meines Opas.

Philosophen, Esoteriker, religiöse Personen fragen sich: Gibt es ein Leben nach dem Tod? Diese Frage kommt nicht erst seit wenigen Jahren auf, sie zieht sich durch die Zeiten hindurch. Ebenso beschäftigen sich Wissenschaftler mit der Frage, wobei es Gegensätze gibt zwischen den Erklärungen der Wissenschaftler und der Religion.

So wie mein Opa mir von seiner Vorstellung berichtete, wir sind wie Marionetten und hängen an seidenen Fäden, die von Gottes Hand gelenkt werden, so hat sich schon Einstein seine Gedanken zu einem Leben nach dem Tod gemacht. Er wiederum spekulierte, ob Gott unser Schicksal würfelt. Vom Ansatz her liegen mein Opa und Einstein mit ihrer Vorstellung zum Leben nicht so weit auseinander.

Beide sind davon überzeugt gewesen, wir werden in unserem Handeln gelenkt.

Stephen Hawking hingen sagte, das Leben findet sein Ende, dann ist es vorbei. Er sagte, das Leben ist mit dem Tod zu Ende. Vom Schluss für die menschliche Existenz hat er gesprochen. Für mich ist diese Ansicht sehr traurig und birgt wenig Hoffnung und schenkt mir auch keine Zuversicht. In meinen Augen ist es ein Glück, dass einige Wissenschaftler sehr wohl an ein Leben nach dem Tod glauben. Es sei nicht abwegig, zu vermuten, dass auch unsere Existenz über das hinausgeht, was in der materiellen Welt verhaftet ist. Berichte von Nahtoderfahrungen bieten Hinweise und legen nahe, dass es eine menschliche Existenz jenseits dessen gibt, was für uns das Leben ist.

Ich glaube an meine Begegnung mit Opas Seele und der Verbundenheit, die ich spüre, wenn ich an meiner Eiche stehe, diese umarme und meine Wange an die Rinde lege. Das Erkennen eines Gefühls oder einer Empfindung, dass es etwas gibt, das größer ist als ich selbst, muss von uns zugelassen werden. Angst kann Menschen einengen und daran hindern, zuzulassen, an etwas zu glauben, das wir nicht sehen und nur fühlen können.

Liebe dich selbst und deine Nächsten lieben dich auch. Sich im eigenen Körper wohlzufühlen, zu akzeptieren, so bin ich und das ist auch gut so, hilft glücklicher durch das Leben zu gehen.

Opa hat immer, wenn er Sorgen hatte, ihm etwas auf der Seele lag, wie er gerne betonte, seine festen Schuhe angezogen und ist in den Wald gegangen. In Zeiten emotionalen Stresses oder einer Krankheit ist es wichtig, die innere Ruhe und Gelassenheit wiederzufinden. Durch meinen Opa habe ich gelernt, im Wald kann ich abschalten, meine Akkus wieder auffüllen, um im Alltag meine Aufgaben zu erfüllen.

Besonders in den letzten Jahren vor Opas Ableben sind wir oft in den Wald eingetaucht. „Beobachte die Natur, Anne. Zu jeder Jahreszeit zeigt sie sich anders und für uns Menschen bedeutet es, wir können neue Eindrücke gewinnen und von der Natur auch lernen. Was das Verhalten meines Opas betraf, kann ich sagen, er hat gesundheitlich von den Ausflügen in die Natur profitiert.

Einmal, wir hatten es uns gerade auf einer blühenden Wiese gemütlich gemacht, die Butterbrote ausgepackt, da kam eine Gruppe mit fünf Leuten auf die Wiese, die meine Aufmerksamkeit sofort auf sich zogen. „Was tun die Leute nur? Wollen die sich bekämpfen? Müssen wir nicht etwas tun, Opa?" Angst klang meiner Stimme nach. Opa lächelte sanft, beobachtete zunächst das weitere Handeln der kleinen Gruppe, ohne mir zu antworten.

„Die kämpfen, Opa!", ich erinnere mich genau, wie ich aufsprang, um die Leute besser beobachten zu können. „Das Verhalten der Leute macht mir Angst, Opa!" Meine Stimme war laut und aufgebracht.

„Das muss es wirklich nicht, Anne. Die Menschen machen eine Übung, die man Schattenboxen nennt. Auf ihre Weise versuchen sie, Entspannung und innere Ruhe zu finden", grinste Opa mich an und zog mich an meiner Hand wieder zu sich auf die Wiese. „Mach dir keine Sorgen, Anne. Die Leute versuchen, bei diesen Übungen das zu bekommen, was ich beim Umarmen eines Baumes suche, vom Alltag Erholung zu finden. Jeder Mensch reagiert anders und hat seine eigenen Empfindungen, was ihm guttut. Diese Menschen powern sich aus. Sie kämpfen gegen sich selbst, so zumindest empfinde ich es. Sie boxen in die Luft."

„Dir tut es gut, einen Baum zu umarmen und das gefällt mir besser", sah ich Opa an. „Ja, Anne. Für mich bedeutet es, wenn ich einen Baum umarme, zu neuer Kraft und Stärke zu finden. Außerdem bin ich Menschen in diesen Minuten nahe, die ich einmal sehr geschätzt und geliebt habe."

Sonderlich gewundert habe ich mich nicht über die Worte von Opa, dafür hatte er mir schon zu oft von seiner

Überzeugung berichtet, mit Verstorbenen im Kontakt zu stehen. Eine Weile blieben wir noch auf der Wiese sitzen und ich war wie angezogen von dem Anblick der Menschen, die nur unweit von uns in die Luft boxten. „Die Leute boxen in die Luft, Opa. Es sieht lustig aus und nicht mehr wie im ersten Moment beängstigend. Trotzdem bleibe ich bei meiner Ansicht, deine Art der Entspannung finde ich aber schöner."

„Lass uns weitergehen, Anne", packte Opa unseren Rucksack und kam auf seine Füße. „Atme tief ein und aus, Anne, und achte auf das, was du hören kannst." Etwas später meinte Opa: „Gefallen dir die Sonnenstrahlen, die durch die Äste der Bäume zu uns fallen?"

Dank Opa ist mir die Natur so vertraut geworden. Ich bin glücklich in der Gewissheit, wann immer ich Kummer habe, ich finde in der Natur eine Stütze und erhalte meine verlorene Kraft zurück. „Glücklich zu sein, hat nichts mit Reichtum zu tun, Anne, sondern mit der Gabe, die schönen Dinge im Leben zu erkennen und sie aufzunehmen. Chancen auch zu nutzen und sich den Glauben an das Unmögliche zu erhalten." Opa hat diese beiden Sätze oft zu mir gesagt und ich habe meine Zeit gebraucht, seine Worte zu verstehen.

Inzwischen bemühe ich mich täglich einmal, jeden Nachmittag zu einer bestimmten Uhrzeit, an diese Worte von meinem Opa zu denken. Es hilft mir, mich zu zügeln, wenn ich aufbrausend bin und mit dem Kopf durch die Wand möchte, um meinen Willen durchzusetzen. Für mich ist der tägliche Gedanke an Opas Worte einerseits eine Mahnung, achtsam zu sein, auf der anderen Seite auch ein Geschenk, nicht unbedacht durch mein Leben zu gehen. Ich fühle mich dankbar für kleine Momente des Glücks, nehme meine Mitmenschen bewusster war und bin bemüht, ihr Verhalten zu verstehen. Ich bin überzeugt, diese Einstellung zum Leben macht mich glücklich und ich kann meine Mitmenschen anstecken, ebenfalls positiver zu denken, liebevoller in ihrem Handeln zu sein. Für mich sind die Worte meines Opas wie der Boden meines Glücks.

Inzwischen habe ich für mich eine Liste entworfen, die ich jeden Abend durchgehe und die mir hilft, das Leben mit Freude zu nehmen.

Hier finden Sie einen Auszug aus meiner Liste:

· *Was hat dich heute glücklich gemacht?*
· *An etwas zu glauben, das wir nicht sehen können, ist es mir heute gelungen?*
· *Welcher Mensch hat von dir heute ein Lächeln geschenkt bekommen?*
· *Wem hast du heute geholfen?*
· *Was hat dich heute positiv beeinflusst?*
· *Gab es den Moment, in dem es dir heute wichtig war, dich für einen Mitmenschen einzubringen?*
· *Wann hast du dir heute die Zeit für dich genommen? Deiner Seele den Moment der Ruhe geschenkt und dir eine Auszeit aus dem hektischen Alltag gegönnt?*
· *Hast du dir heute gesagt, ich fühle mich gut?*
· *Was war dein erster Gedanke am Morgen beim Aufwachen? (Ich sage mir immer, wie schön ist es doch gesund aufzuwachen, die Gelegenheit zu haben, den neuen Tag*

mit einem Lächeln und der Hoffnung zu begrüßen, alles wird gut.)

· *Beim Blick in den Badezimmerspiegel am Morgen, hast du daran gedacht, dir zuzulächeln? Dir selbst zu sagen, ich liebe mich so, wie ich bin?*

· *Habe ich heute zugelassen, meine Ideen und Ansichten zu vertreten?*

· *Bin ich meinen inneren Werten gegenüber treu geblieben und habe diese nicht verleugnet?*

Sicherlich hätte mein Opa meine Liste für gut befunden, und eventuell noch um einige Sätze ergänzt.

Besonders der zweite Satz hat mich in den folgenden Jahren motiviert, mich so zu entwickeln, wie es gut für mich war. Zuzulassen, dass es Dinge zwischen Himmel und Erde gibt, an die nicht jeder Mensch glaubt, aber ich, das musste ich erst lernen.

Oft denke ich zurück an die letzten Stunden vor Opas Tod. Genau gespürt habe ich den Augenblick, als die Seele von Opa sich gelöst hatte, sie auf Reise ging. In dieser Zeit hatte ich das erste Mal diesen Geruch in meiner Nase gespürt, der mich noch heute an den Tod erinnert und ihn vorhersagt. Bis heute trage ich diese Fähigkeit in mir, kann beim Umarmen einer Person schon erahnen, was kommen wird, wenn ich diesen Geruch aufnehme. Opa hat einmal gesagt, wenn er eine Frau wäre und rote Haare hätte, die Menschen würden ihn als Hexe bezeichnen. Meine Wahrheit ist, ich fühle mich in den Minuten, da ich den Geruch des Todes aufnehme, ebenso.

An dem Tag nach Opas Tod, als ich in meiner Nase zum zweiten Male den Geruch des Todes hatte, war meine Oma gestorben. Die Nachricht kam, als ich gerade beim Mittagessen war. Mutter hatte angerufen im Internat und mir die traurige Mitteilung überbracht.

„Ich habe es bereits geahnt, Mutter, da ich den Tod wieder gerochen habe."

„Anne! Was sagst du nur für komische Dinge? Niemand kann den Tod riechen, bitte", sie brach ihre Worte ab.

Nein, meine Worte fanden keinen Anklang und das Telefonat war rasch beendet. Im Laufe der letzten Jahre habe ich mich an diese Fähigkeit gewöhnt, den Tod zu riechen, ihn zu spüren, bevor er für meine Mitmenschen erkennbar ist. Dieses Vorhersehen durch diesen unverkennbaren Geruch in meiner Nase, ich habe gelernt, damit zu leben. Glücklich macht mich diese Fähigkeit nicht, sie ängstigt mich vielmehr. Kaum, dass ich den Geruch des Todes in der Nase trage, ist binnen der nächsten 48 Stunden ein Mensch in meiner Umgebung verstorben. Besonders tragisch ist es für mich, wenn ich einem Menschen gegenüberstehe, sich der Geruch des Todes in diesen Momenten in meiner Nase ausbreitet und nur ich weiß, was kommen wird.

Es gibt Dinge zwischen Himmel und Erde, die wir Menschen nicht sehen können und doch verstehen müssen. Ich zumindest bemühe mich um eine Einsicht und somit auch eine Weitsicht auf die Dinge, die mir zunächst fremd vorkommen. „Nur, wer Neugierig bleibt, kann auch neue Dinge und neue Wege finden, die anderen Menschen für immer verborgen bleiben", auch ein Spruch meines Opas.

„Hat der Sensenmann auch Gehilfen?" Diese Frage habe ich eines Nachmittags an meinen Opa gestellt. Mein Opa und ich saßen in der alten Gartenlaube. Wie so oft blickte mich Opa auf meine Frage hin an, ohne mir gleich eine Antwort zu geben. Stattdessen zog er an seiner Zigarre, pustete den Rauch im Anschluss in die Luft und schien nachzudenken. „Gevatter Tod wird kaum die Arbeit allein bewältigen können. Ich frage mich nur, was für Seelen sind an seiner Seite? Welches Karma wurde zu Lebzeiten gesammelt, um diese Tätigkeit zu vollenden?"

An diese Unterhaltung denke ich immer dann, wenn ich den Duft des Todes in der Nase habe und ahne, was für Nachrichten auf mich zukommen werden.

An diesem Nachmittag, als ich Opa meine Frage gestellt habe, haben Opa und ich Schach gespielt.

„Alles im Leben hat eine Bestimmung, Anne. Wir Menschen denken oft, wir lenken unser Leben, dabei ist schon alles vorbestimmt für uns."

Später habe ich oft über seine Worte nachdenken müssen, auch heute erwische ich mich noch dabei, mir Sorgen über die Bedeutung dieser Worte aus Opas Mund zu machen. Tatsache ist, ich habe diese Fähigkeit, den Tod zu riechen, und somit bin ich anders als die meisten Menschen. Sicherlich mache ich vielen Menschen Angst mit meiner Fähigkeit. Bisher habe ich mich immer zurückgehalten, sobald ich den Geruch des Todes in der Nase trug. Ich habe es vermieden, darüber zu sprechen. Keine unnötige Angst zu verbreiten, ist mein Ziel. Trotzdem frage ich mich, wieso nur habe ich diese Vorahnungen? Es muss doch einen Grund geben und somit einen geheimen Auftrag für mich? Welchen Weg werde ich noch gehen nach meinem Tod? Bewege ich mich auf einer Straße der Ruhe, ist es mir vergönnt, dass meine Seele ihre Ruhe in einem Baum finden kann? Oder in dem Körper eines Hundes? Vielleicht erwache ich in einer Dogge wieder auf.

Mein Opa hatte eine italienische Dogge und ich liebte diesen Hund. Seine anmutige Gestalt, die Tatsache, egal zu welcher Uhrzeit ich über die Straße mit ihm ging, ich fühlte mich sicher, sie schenkte mir ein gutes Gefühl. So ein stolzer, hochgewachsener Hund macht Eindruck. Mir würde der Gedanke gefallen, meine Seele in einer Dogge zu sehen. Doch was nur wird mein Weg mir tatsächlich bringen? Am Ende sieht der Sensenmann mich als sein Helfer? Bin ich für diese Aufgabe bereit?

Opa hat gerne mit mir Schach gespielt und es hat sehr lange gedauert, bis ich einmal gegen ihn gewonnen habe.

„Du machst dir zu viele Sorgen, Anne", hatte Opa mich an einem Tag gemahnt. Ja, es war die Wahrheit und noch heute bin ich ein Mensch, der zu viel nachdenkt und sich zu viele Sorgen um sein Handeln macht. Es gibt für mich nur einen Platz auf der Erde, den ich den Ort der Ruhe für mich nenne, bei meiner Eiche, wenn ich in der Natur bin.

Meine Träume

Hier eine Szene aus einem meiner Träume, die sich immer um den Tod meines geliebten Opas drehen:

Stellen Sie sich eine Bühne vor mit einem dunklen Holzboden. Mitten auf der Bühne das große Bett meines Opas mit Holzornamenten am Kopfteil. Mein Opa trug bei seinem letzten großen Auftritt ein weißes Nachthemd, daran erinnere ich mich sehr gut. Oft habe ich von diesen letzten Minuten an der Seite meines geliebten Opas schon in den vergangenen Jahren geträumt und besonders von dem Augenblick, als ich spürte, der Tod zieht in das Zimmer, erobert die letzte Bühne für seinen großen Auftritt im Namen des Todes.

Im Anschluss kommt in meinen Träumen ein helles Licht und ich versuche immer wieder, darauf zuzugehen, dieses Licht zu erreichen. Es ist für mich wie ein unendlicher Kampf gegen die Zeit. In meinen Träumen sehe ich mich selbst, wie ich laufe und laufe in Richtung des hellen Lichtstrahls. Ich eile der Hoffnung hinterher, etwas Einzigartiges beim Erreichen des Lichtes zu entdecken, doch ich erreiche mein Ziel nicht, so sehr ich mich immer wieder darum bemühe.

Stattdessen sehe ich mich im Anschluss wieder auf der Bühne stehen und auf das alte Holzbett starren, in dem Opa mit dem Tod ringt. Der Lichtstrahl, der noch vor Sekunden mein Ziel der Begierde war, liegt nun im Hintergrund.

Meine Aufmerksamkeit wird im nächsten Moment auf die Gardinen gelenkt, die auch auf der Bühne einem Fenster Sichtschutz schenken. In meinen Träumen muss ich sehen, die Gardinen wackeln mit einem Male, während mein Opa stöhnt und röchelt. Im weiteren Verlauf des Traums sehe ich erneut mich, wie ich mit festen Schritten an die Seite von Opa eile und wie ich seine knochige alte Hand in meine kleinen zarten Kinderhände lege.

Erneut wird meine Aufmerksamkeit auf die wackelnden Vorhänge am Fenster gelenkt und ich komme nicht umhin, meinen Blick in Richtung Fenster zu richten.

Für einen Augenblick liegt der Lichtstrahl wieder über allem und erneut spüre ich das Verlangen, diesen zu erreichen.

Meine Schritte, so sehe ich mich im eigenen Traum, eilen dem Lichtkegel entgegen. Ich spüre, wie es mich Kraft kostet, wie jeder meiner Schritte mir Schmerzen zufügt. Trotzdem bin ich bemüht, den Lichtstrahl zu erreichen und kämpfe mich Schritt für Schritt voran.

In der nächsten Szene, an die ich mich aus diesem Traum beim Aufwachen immer erinnere, stehe ich wieder am Holzbett meines Opas. Jetzt liegt der Lichtstrahl im Hintergrund, ist aus meinem Blickfeld verschwunden, er spielt keine übergeordnete Rolle mehr.

Sehr gut erinnern kann ich mich noch an diese Worte meines Opas, die zu jedem meiner Träume mit Opa dazugehören.

„Ein Glas Rotwein", höre ich die schwache Stimme meines Opas sagen. „Du willst was? Rotwein?" Mich verwunderten dieser Wunsch, sein Verhalten und der Drang nach Genuss im Angesicht des Todes. „Bring zwei Gläser, Anne. Mein Gast wird mit mir anstoßen auf mein Ende."

Im Anschluss erklingt Lachen, doch ich kann nicht sagen, woher die Stimme kommt. Unsicher sehe ich mich selbst im Traum, ich drehe mich im Kreis und versuche zu erkennen, zu wem das Lachen gehört.

„Anne, beeile dich. Las meinen Gast nicht warten."

Immer und immer wieder habe ich diese Worte in meinen Ohren. Ungläubig lasse ich die Hand von Opa los, um seinen seltsamen letzten Wunsch zu erfüllen. Im Hinausgehen aus der guten Stube, wo Opa liegt, drehe ich mich noch einmal um. Wo nur meine Familie bleibt?

Dann sehe ich mich in die Küche gehen, wo ich den Rotwein vermute.

Opa war doch noch so weit vom Jenseits entfernt beim letzten Treffen. Niemand hat mit einem so raschen Ende gerechnet, auch wenn Opa schon längst die 80 geknackt hatte, mit großen Schritten der 90 entgegeneilte, er war noch sehr fit. „Ich möchte dich nicht verlieren", diese Worte sage ich vor mich hin, in jedem Traum ist der Ablauf gleich.

Während ich aus der guten Stube noch immer das Lachen höre, welches ich nicht zuordnen kann, suche ich in der Küche die Flasche mit Rotwein. Hektisch reiße ich alle Türen der alten Holzküche auf und nehme nur nebenbei das Knarren der Türen war.

Auch heute, nach über zwanzig Jahren, die seit dem Ableben meines Opas vergangen sind, zucke ich noch zusammen, wenn ich dieses Knarren irgendwo höre. „Gevatter Tod kommt", sind meine ersten Überlegungen.

Der Wein ist von mir gefunden, zwei Gläser ebenso. Rasch drehe ich mich um und eile zurück in die gute Stube.

„Beeile dich, mein Kind, die Zeit läuft ab und ich habe noch Arbeit auf meinem Zettel", höre ich eine mir bis zu diesem Tag fremde Stimme sprechen. Zögerlich, jedoch ohne ein Gefühl von Angst, drehe ich mich um und blicke in ein grelles Licht mit einem dunklen Punkt im Inneren. Gevatter Tod, so denke ich immer wieder, er ist an unserer Seite und will die Seele meines Opas holen.

Dieses Mal ist nicht das helle Licht mein Ziel. Meine Schritte lenke ich seitwärts, meine Hände halte ich vor meine Augen, um nicht von dem hellen Licht geblendet zu werden.

Mit zwei Gläsern Rotwein erreiche ich das Holzbett und mein Blick ruht im nächsten Augenblick auf meinem Opa, der mich anlächelt.

„Anne, jetzt möchte ich noch eine Zigarre", spricht Opa mit schwacher Stimme.

„Möchten Sie auch eine Zigarre?"

„Ist das ernst gemeint von dir? Opa?", meine Frage füllt den Raum und ein leises Lachen klingt nach.

„Dafür bleibt uns keine Zeit mehr", höre ich eine Stimme, die, wie ich denke, aus dem hellen Lichtstrahl kommt. Im nächsten Moment ist ein Glas Wein aus meinen Händen verschwunden. Ich denke, Gevatter Tod hat es genommen.

„Für deinen Opa läuft die Uhr ab, gib ihm den Wein."

Rasch lege ich Opa das Glas in seine Hände. Ich denke noch, hoffentlich tropft der Rotwein nicht auf das Betttuch, so wie Opas Hände zittern.

„Ich kenne Gevatter Tod schon sehr lange. Du weißt ja, ich war im Krieg, habe viel gesehen und erlebt", Opa hüstelte, dann nippte er an dem Wein. „Es gibt Rotwein, dort, wo ich jetzt hinreise?" Diese Frage aus Opas Mund wirft er in den Raum.

„Alles, was das Herz begehrt wird es finden."

Die Antwort schalt um mich herum und ich sehe mich mit einem Male wieder auf der großen Bühne stehen, etwas abseits, von dem alten Holzbett. Wie aus einem Schleier heraus sehe ich meinen Opa an, der sanft lächelt und mit seinem Glas in die Luft prostet.

„Du wirst dein neues Leben genießen und lieben", höre ich Gevatter Tod sagen.

Seine Stimme, oft frage ich mich, nachdem ich aus meinen Träumen aufgewacht bin, wie soll ich diese nur beschreiben? Sie ist nicht laut, nicht leise oder geflüstert, nicht brüllend und krachend, nein! Trotzdem bestimmend und seltsamerweise, auf eine mir noch fremde Art vertraut.

Liebevoll? Nein, von diesem Wort sehe ich ab, ich kann nicht vergessen, Gevatter Tod nimmt mir meinen Freund.

Mein Traum geht noch weiter. Ich denke an die vielen Ausflüge mit meinem Opa zurück, während meine Augen auf Opa ruhen. Für den Moment kehrt Ruhe ein, doch der Schein trügt. Mit einem Male habe ich das Gefühl, ich stehe erneut auf einer Bühne, die sich jetzt auch noch anfängt zu drehen. Immer schneller werden die Drehungen und ich habe Probleme, auf den Beinen zu stehen, und Angst, hinzufallen. Mit meinen Armen rudere ich herum, um das Gleichgewicht nicht zu verlieren.

So rasch sich der Boden unter meinen Füßen anfing zu drehen, so rasch ist alles wieder vorbei.

Dann sehe ich erneut das helle Licht und mit einem Male ist es wieder mein Ziel und mein Wunsch, diesem Licht ganz nahe zu kommen.

An der Stelle wache ich regelmäßig auf, Schweiß liegt auf meiner Stirn, meine Haare sind feucht im Genick und ich fühle mich schlapp und erschöpft.

Was nur hat dieser Traum zu bedeuten?

Mein Opa war ein wunderbarer Mensch, positiv in meinen Augen und so ist noch heute meine Erinnerung an ihn. Ich trinke gerne ein Glas Rotwein und immer wieder triften in diesen Augenblicken meine Gedanken ab und wandern zu meinem Freund, zu meinem Opa. Er hat seinen Wein und seine Zigarre geliebt und er hatte stets ein Lächeln im Gesicht.

Auch die Worte aus dem Mund meines Opas, in meinen Träumen, lassen mich nicht los.

„Er ist hier, der Gevatter Tod und nimmt mich gleich mit. Grüße mir deine Mama und besonders meine liebe Frau."

Mein Blick wandert in meinem Traum an dieser Stelle immer zu den Blumen, die neben dem Holz Bett auf einer Konsole stehen. Immer wieder sehe ich meinen Opa in seinem Bett liegen und auf den Tod warten.

Zu meiner Überraschung kann ich in jedem Traum sehen, die schönen, bunten Blumen, die zu Beginn meines Traumes noch frisch in der Vase standen, sind nun verwelkt. Innerhalb von wenigen Stunden, so suggeriert es mir mein Traum. Dann sehe ich mich zu der Vase gehen und diese in meinen Händen halten. Die Überlegung, in der Vase fehle

Wasser, bringt mich dazu nachzusehen. Der plötzliche Verfall der Blumen ist in jedem Traum wie ein böses Vorzeichen für mich.

Noch heute mag ich keine frischen Blumen in meinem Haus, aus Angst, ich muss zusehen, wie sie plötzlich und unerwartet schnell verwelken, um mir etwas anzukündigen, was ich mit dem Tod in Verbindung bringen muss.

Ebenso spielt sich diese Szene in jedem meiner Träume ab:

„Ich werde gleich wandern, meine Seele wird ihren Weg finden", Opa lächelt mich sanft an, als ich neben dem Bett stehe, die Vase in meinen Händen halte. Es fehlt kein Wasser und ich finde auch sonst keine Erklärung für den Zustand der Blumen, die vor wenigen Stunden noch frisch waren und so gut rochen. Sorgenvoll halte ich minutenlang die Vase in meinen Händen. „Die schönen Blumen sind verwelkt", sage ich mehr zu mir selbst als zu Opa. Das helle Licht kommt wieder in meinen Blick, dieses Mal leuchtet es über dem Holzbett. Sorgenvoll ist mein Gesicht und ich kann sehen, mir macht der Moment Angst. Mein Ansinnen ist es, davonzulaufen, weit weg, um dem zu entkommen, was ich schon erahne. Den Abschied von meinem Freund, meinem Opa.

In wenigen Szenen sehe ich mich im Anschluss mit meinem Opa beim Spielen, beim Lachen und immer steckt in seinen Mundwinkeln eine Zigarre. Mit seiner etwas dunkleren Hautfarbe und den dicken Augenbrauen über seiner faltigen Haut ist mein Opa für mich der schönste Mann, den ich kenne. Etwas Italienisches hatte sein

Erscheinungsbild. In Kindertagen habe ich mir so einen einflussreichen Boss vorgestellt, eben einen Mann, der alles bewältigen kann und trotzdem nie seinen Humor verliert.

In der nächsten Szene wandele ich durch das Zimmer, die gute Stube, in der Opa liegt.

Zittern breitet sich über den Körper von Opa aus. „Die Zeit läuft ab, Gevatter Tod nimmt mich nun mit zu sich", röchelt er leise. Wieder wandert mein Blick zum Fenster. Die Gardinen rascheln und ich glaube zu erkennen, jemand steht dahinter. Im Hintergrund liegt nun der helle Schein.

„Wir gehen jetzt zu einem Ort des Friedens."

Nachdem ich diese Worte vernommen habe, wache ich auf.

Bei jedem Aufwachen nach diesem Traum bin ich mir noch heute sicher, eine Stimme vernommen zu haben, die Stimme von Gevatter Tod.

In meinem weiteren Leben haben mich diese Worte begleitet, mir die eine oder andere Nachtruhe geraubt, da ich darüber nachdenken musste, um ihre Bedeutung zu verstehen.

Nicht immer ist mein Traum an dieser Stelle beendet, oft folgt noch diese Szene:

Wieder sehe ich mich an dem Holzbett stehen mit geschlossenen Augen. Ich bin wieder in der guten Stube, an der Seite meines Opas. Meine Augen öffne ich wieder, als Opa meinen Namen sagt.

Ich nehme das Glas Rotwein aus Opas Händen entgegen und stelle es achtlos auf die Seite. Meine Augen liegen auf Opa, als ich sehe, er hat seinen Blick zur Gardine gewandt.

„Ich verreise gleich für immer." Diese Worte hallen um meine Ohren, die ich mir zuhalte. Ich öffne meinen Mund und ich möchte schreien: „Nein! Bleibe bei mir!"

Kein Ton findet seinen Weg aus meinem Mund. Stattdessen bin ich mir gewiss, Gevatter Tod ist an meiner Seite. Mich fröstelt es und ich glaube, den Boden unter den Füßen zu verlieren. Doch schon in der nächsten Szene sehe ich mich wieder gefasst und ruhig am Holzbett stehen, trotz der Gewissheit, Gevatter Tod ist neben mir.

Im weiteren Verlauf des Traumes sehe ich wieder Opa vor mir, er lächelt und ich schaue auf meine Armbanduhr. Wo bleiben Oma und Mama? Was kann ich nur tun? Eine Biene lenkt meine Aufmerksamkeit auf sich. Ich versuche, diese mit meinen Armen und hektischen Bewegungen zu vertreiben, doch dann kann ich sehen, es ist nicht nur eine Biene, die im Raum herumfliegt, ich sehe in den Augen der Biene meinen Opa.

„Seine Seele geht auf Wanderschaft", höre ich Gevatter Tod sagen.

„Nein! Nein!", meine Stimme überschlägt sich und ich bin bemüht, die Biene zu fangen.

Was sich im Anschluss abspielt, ist jedes Mal gleich.

Ich stehe wieder auf einer Bühne und rufe: „Ich bin die gute Fee und mein Opa hat noch einen Wunsch offen", ich schreie über die Bühne über die Köpfe der Zuschauer, die mir nun ihre Aufmerksamkeit schenken, hinweg. „Ein Deal! Wir machen einen Deal!"

„Was kannst du mir bieten?" Diese Worte dringen von irgendwoher an meine Ohren, so sehr ich mich auch bemühe, ich kann keine passende Person zu der Stimme sehen.

„Die Seele meines Opas soll in meiner Nähe wohnen“, schreie ich zurück. Die Zuschauer blicken zu mir, keiner sagt ein Wort. Opas Gesicht sehe ich wieder vor mir, er trägt ein Strahlen darin.

„Gevatter Tod soll warten“, schreie ich anschießend.

„Die Sanduhr ist abgelaufen, damit kann ich dir deinen Wunsch nicht erfüllen.“

Der Lichtstrahl breitet sich über der Bühne aus.

Raunen kommt in der Menge der Zuschauer auf und Verzweiflung breitet sich in mir aus.

„Wir machen einen Deal, bitte!“

„So einfach geht das nicht, Anne. Niemand kann mit mir handeln, auch du nicht.“

„Spiele mit mir eine Partie Schach. Wenn ich gewinne, dann …“

„Du wirst die Seele deines Opas finden, schon ganz bald.

Hier ist nicht das Ende“, höre ich seine Worte in meine Ohren dringen.

An dieser Stelle ist der Traum zu Ende.

Oft schon habe ich an diese letzten Worte gedacht, in den verschiedensten Lebenslagen. Immer dann, wenn ich aus meinen Träumen aufwache, kommen mir diese Worte vom Ende des Traums in den Sinn.

Nicht immer träume ich den Traum bis zu diesem Ende, jedoch ist er vom Verlauf her seit Jahren gleich, zumindest bis vor rund zehn Jahren. Zu diesem Zeitpunkt fing sich mein Traum in seinem Ablauf an zu verändern. Meine Bemühungen, Opa in meiner Nähe zu behalten dank einer Partie Schach, davon träume ich jedoch noch regelmäßig.

Noch heute spiele ich gerne eine Partie Schach. Traurig ist nur, ich muss immer an den Traum denken, wenn ich die Partie beendet habe. Dabei spielt es keine Rolle, ob ich gewonnen oder verloren habe. Mich begleitet der Traum bis zum heutigen Tag.

Nicht vorenthalten möchte ich die Veränderung meines Traums, die vor rund zehn Jahren ihre Anfänge fand.

Mit einem Male stand ich nicht mehr auf einer Bühne und sah dem Tod meines Opas zu. Es war auch nicht der Sensenmann, an den ich dachte beim letzten Atemzug von Opa, nein, es war die Natur. Opa und ich waren auf einer wunderschönen Wiese. Glockenblümchen, so habe ich die hübschen Blümchen immer genannt, sie blühten üppig und brachten mich zum Strahlen. Mein Opa lag nicht in seinem Holzbett in den letzten Stunden und Minuten seines Lebens, er lag mitten auf der blühenden Wiese. Ich wusste ihn weich gebettet auf den Blümchen und dem Gras liegen. In der Nähe war die Eiche zu sehen, die Opa immer liebte und umarmte bei unseren Ausflügen. In diesen Träumen sieht mein Gesicht entspannt und glücklich in diesem Moment aus, ebenso wirkt Opas Gesichtsausdruck auf mich.

Als ich diese Wandlung meines Traumes anfing zu träumen, musste ich in den folgenden Tagen, nachdem ich aufgewacht war, immer darüber nachdenken. Wieso nur, so habe ich hinterfragt, hat sich mein Traum so drastisch verändert? Seinen Schauplatz in die Natur verlagert?

Was, nur der Auslöser dafür war, dass ich nun einen neuen Traum hatte, der mich regelmäßig in der Nacht begleitete, beschäftigte mich. Nach einem halben Jahr hat es endlich Klick in meinem Kopf gemacht und ich habe den neuen Traum deuten können. Der neue Handlungsort, die Tatsache, Opa und ich sind in der Natur, so habe ich verstanden, ist der Ansatzpunkt für die Lösung. Ich dachte nach, was Opa am meisten liebte, und kam sehr rasch auf die Eiche. Sie, so war mir bewusst, sie ist eine Deutung, ein Zeichen für mich.

An diesem Tag machte ich mich auf den Weg in den nahegelegenen Wald und suchte meine Eiche.

Dann habe ich meinen Baum gefunden. Hochgewachsen, etwas abseits von den anderen Bäumen stehend, fiel er mir in den Blick. Eine Weile habe ich einfach dagestanden vor dem Baum, habe ihn angesehen und gespürt, mir geht es gut. Trotzdem war eine Leere in meinem Kopf und ich konnte noch nicht alles richtig deuten und verstehen.

Als ich schwanger wurde, kannte ich die Eiche schon eine Weile und selbstverständlich führte mich einer der ersten Wege in den Wald, zu meiner Eiche. Beim Umarmen habe ich an diesem Tag eine besondere Erfahrung gemacht. Es war nicht nur die Wärme, die ich beim Umarmen schon öfter habe spüren dürfen, dieses Mal war mir, als hörte ich Opa sagen: „Wie schön, Anne, du schenkst einem neuen Menschen ein Leben. Das ist die Krönung für eine Frau."

Ich habe mir diese Worte nicht eingebildet, nein, ich habe sie deutlich gehört. Es war die Stimme meines geliebten Opas, die ich sofort wiedererkannt habe.

Für den Moment war ich sprachlos, zitternd bin ich ein Stück zur Seite gewichen, dann aber habe ich voller Zuversicht wieder den Baum umarmt und ich habe gespürt, ich bin nicht allein, und ich weiß, mein bester Freund, mein geliebter Opa, passt auf mich auf. Zwei Tage später bin ich erneut zu der alten Eiche mit einem Kartenspiel in der Tasche gegangen. „Ich kenne inzwischen deine Tricks", habe ich gesagt und die Eiche umarmt. „Später wird mein Kind sie kennenlernen und irgendwann werde ich die Oma sein."

Meine Eiche

Schon als kleines Kind suchte ich den Schutz
unter deiner Rinde,
jeden Kummer, selbst meinen ersten Liebeskummer,
teilte ich mit dir in diesen Stunden.
Immer dann, wenn ich traurig war,
suchte ich den Platz unter der Eiche,
gerne nutze ich die Zeit in deiner Nähe und verweilte.

Dir, meiner Eiche, habe ich meine Sorgen mitgeteilt,
von meiner Liebe erzählt und mich schon damals
geborgen gefühlt.

Diese Kraft, diese Stärke, die ich spüre,
wenn ich stehe an deiner Seite,
nutze die Zeit zur inneren Einkehr und verweile,
umarme deine Rinde,
sie schenkt mir Energie und Zuversicht,
die ich sonst so nicht finde.

Mitten in der Natur,
an deiner Seite stehend,
darf ich erfahren,
ich spüre das Leben,
tief in meinem Herzen ist eine Bewegung,
ebenso spüre ich auch eine tiefe Liebe und innere Regung.

Wie ein Jungbrunnen sind die Momente für mich,
die mir ein Gefühl von Zweisamkeit schenken,
sobald ich in deiner Nähe weile,
meine Empfindungen mit dir teile
und im Anschluss an deine Nähe
gehe ich gestärkt und voller Zuversicht nach Hause,
werde von dir zurück in meinen Alltag entlassen,
in der Gewissheit,
ich bin geborgen und nicht allein gelassen.

Für mein Leben, meine Zuversicht und innere Freude im Alltag ist es wichtig zu spüren, auch nach dem Tod geht unser Leben weiter. Im christlichen Glauben gibt es die Auferstehungshoffnung und auch andere Religionen zeigen Vorstellungen von einem Leben nach dem Tod auf.

Viele junge Menschen finden es wichtig, sich mit der Zeit zu beschäftigen, die uns nach dem Tod auf Erden bevorstehen wird. Obgleich viele Jugendliche der Kirche fernstehen, suchen Sie nach einem Weg, einem Halt oder der Hoffnung, wie es nach dem Ableben weitergehen kann und wird. Sich mit der Endlichkeit auf Erden auseinanderzusetzen, kostet Kraft.

Für alle Ewigkeiten werden diese Fragen in unseren Köpfen stecken und wir Menschen finden und suchen unterschiedliche Antworten und Erklärung, was uns bevorstehen wird, wenn unser Dasein auf der Erde sein Ende findet.

Wann immer ich über den Tod und den für mich und für alle Menschen im Nachgang kommenden Weg nachdenke, mir kommt meine Eiche in den Sinn. Dieser stattliche Baum, wie sich die Eiche uns Menschen zeigt, sie wirkt imponierend auf mich und zeitgleich strahlt sie Hoffnung auf mich aus.

Immer dann, wenn ich in der Nähe meiner Eiche weile, ich denke in diesen Minuten an Menschen, die mir nahe sind, deren Nähe ich liebe und geliebt habe. Schöne Erinnerungen kommen mir in den Sinn und oft schon habe ich Lösungen zu Problemen gefunden, die mich zuvor beschäftigten.

Beim Umarmen meiner Eiche spüre ich die raue Rinde, rieche den herben Eichengeruch und bestaune oft die dicken Wurzeln, von denen ich weiß, dass sie so tief und weit in die Erde reichen, wie der Stamm sich dem Himmel entgegenstreckt. Mein Wissen diesbezüglich habe ich auch meinem Opa zu verdanken.

Bei meinem letzten Besuch meiner Eiche habe ich mich an den Stamm gelehnt und in den Himmel hinaufgeblickt. Für mich war es so, als könne ich spüren, die Äste und Blätter bemühen sich zu wachsen, zum Himmel, zur Sonne und zum Licht.

Mir fiel mein Traum in diesem Moment wieder ein und ich dachte an den Lichtstrahl, der mich so magisch in den Träumen anzieht. Sicherlich steckt hinter diesem Traum auch ein Zeichen, das ich gerade noch nicht in der Lage bin zu deuten.

Mein Blick wandert zu dem kleinen Bach, der nur unweit der Eiche sich seinen Weg sucht und dahinplätschert. Hier am Bach ist ein guter Platz für einen Baum. Wenn ein geliebter Mensch stirbt, der uns einmal viel bedeutet hat, uns sehr nahe stand, dann hinterlässt das eine unglaublich große Leere in uns. Ich finde, es ist ein tröstender Gedanke, dass die Seelen dieser Menschen ihren Platz in unserer Nähe gefunden haben. Für mich in meiner Trauer um meinen Opa war diese Gewissheit ein Halt und hat mir geholfen stark zu bleiben.

In der Bibel findet sich folgender Text:

Im Psalm 1,1 plus 3 heißt es:

„Glücklich ist der Mensch, der einem Baum gleicht, der am Wasser gepflanzt ist. Seine Früchte trägt er zu seiner Zeit und seine welken nicht. Alles, was er tut, gelingt ihm gut."

Eine parallele Welt – zwischen Traum und der Wahrheit auf Erden

Meine Augen sind einmal mehr geblendet von einem hellen Lichtstrahl. Mein Körper fühlt sich schwach an und ich spüre Schmerzen. Angezogen von dem Licht möchte ich meine Augen öffnen. Ich zwinkere mit meinen Augen und mir gelingt es kaum, diese zu öffnen. Meine Augen tun weh, sie schmerzen und fallen immer wieder zu.

Stimmen kommen an meine Ohren, die ich nicht einordnen kann. Ich spüre, dass ich unruhig werde, da ich das, was ich höre, nicht zuordnen kann. Es sind zu viele Stimmen und außerdem blendet mich das Licht. Jeder Versuch, kurz ein Auge zu öffnen, misslingt mir. Mein innerer Drang, einzuschlafen, ist groß. Ebenso der Wunsch nach Ruhe, nach sehr viel Ruhe. Mir ist, als müsse ich schlafen, viele Stunden schlafen, ohne nachzudenken, ohne Schmerzen zu spüren oder etwas zu unternehmen. Einfach nur schlafen, hier liegen und mich ausruhen, das ist mein Wunsch. Keine Verantwortung mehr übernehmen und einfach zur Ruhe finden.

Meinen Körper durchdringt mit einem Male ein starker Schmerz, ich bäume mich auf, zumindest empfinde ich es so. Erneut möchte ich nachsehen, was mir diesen Schmerz verursacht haben kann. Meine neuerlichen Bemühungen, meine Augen zu öffnen, sie missglücken.

Wieder blendet mich der Lichtstrahl. Meine Hände lassen sich nicht richtig steuern und ich fühle mit einem Male Schmerzen in meinem Brustkörper, starke Schmerzen.

Mein Körper scheint seine Kraft zu verlieren und ich werde sicherlich bald erlöst werden und endlich schlafen können. Ich muss an meinen Opa denken und habe Sehnsucht, zu ihm zu gehen. Mir kommt es vor, als würde mein Opa nach mir rufen und mich und meine Nähe suchen.

Gerade empfinde ich ein kurzes Gefühl der Ruhe, die vermeintliche Stimme meines Opas hat mir für wenige Sekunden neue Hoffnung geschenkt.

Doch dann dringen erneut Stimmen in meine Ohren, die mich vom tiefen Schlaf abhalten, mir meine Ruhe nehmen.

Mir gefällt es nicht, dass ich immer wieder diese Stimmen höre, die ich nicht zuordnen kann, und dass ich ein Gefühl empfinde, vom Schlafen abgehalten zu werden. „Lasst mich doch endlich in Ruhe, ich brauche meinen Schlaf", möchte ich losschreien, doch meine Stimme bleibt stumm. Nichts scheint mehr zu funktionieren an meinem Körper. Wie gelähmt fühle ich mich und dann ist plötzlich ein Summen in meinen Ohren, das mich nervös werden lässt. Ich will meine Hände an meine Ohren führen, sie gehorchen mir nicht und ich muss mich dem Schicksal beugen.

Schlafen möchte ich, nur schlafen. So muss sich das Ende anfühlen. Schwäche breitet sich in meinem Körper aus und der Wunsch, endlich den Qualen ein Ende zu setzen.

Mir fällt ein, Opa hat vor seinem Tod auch am ganzen Körper gezittert. Der Lichtstrahl kommt mir wieder in den Sinn. Mein Wunsch ist es, dem Lichtstrahl entgegenzugehen, in der Hoffnung, meinen Frieden zu finden. Meine Gedanken wandern zu der schönen Blumenwiese und ich spüre, jetzt kann ich einschlafen.

Wieder stören mich Stimmen am Einschlafen, ich möchte dem Licht näher kommen, um die schöne Wiese zu erreichen und mich auszuruhen. Einfach einschlafen und endlich keine Schmerzen mehr spüren, zur Ruhe kommen. Vor Augen habe ich eine saftige Wiese mit vielen kleinen Blümchen und ich kann Vögel sehen, die über die Blumen kreisen und mich mit ihrem Anblick erfreuen.

Erneut dringen Stimmen an meine Ohren und ich unterliege dem Versuch, meine Augen zu öffnen. Schmerzen spüre ich bei dem Versuch, die Augen zu öffnen, nachzusehen, woher die Stimmen kommen, die mir meine Ruhe nehmen. Mein Körper zuckt, es fühlt sich an, als würde ein Stromstoß meinen Körper erobern. Wieder spüre ich den Wunsch, die Augen zu öffnen, nachzusehen, was mich daran hindert für immer einzuschlafen. Mich blendet ein heller Lichtstrahl, als ich meine Augen für eine Sekunde ein Stück öffne, und erneut kommen die Stimmen bis in meine Ohren und stören meine Gedanken an einen friedvollen Ort. Ungeordnet und laut dringen diese Stimmen in meinen Kopf und stören meinen Schlaf, meine Ruhe, nach der ich mich so sehne.

Mein Weg nach Hause, so möchte ich meinen aktuellen Zustand beschreiben. Ich bin auf der Suche nach Ruhe und nach Schlaf und nach einem Ort der Stille und des Friedens. Noch einmal spüre ich, wie an meinem Körper gezogen wird. Ich möchte schreien, darum bitten, endlich meine Ruhe zu finden, doch kein Wort kommt über meine Lippen.

Dann wird es ruhig und meinen Körper durchflutet Wärme, die mir guttut.

Wieder sehe ich das helle Licht, das mich magisch anzieht, und mein Wunsch, dieses Licht zu erreichen, wird immer stärker.

Ich möchte aufstehen, auf das Licht zueilen, Tatsache jedoch ist, mich hält jemand von dem Versuch, aufzustehen, loszurennen, ab. Mein Körper fühlt sich an, als würde eine starke Macht daran rütteln. Unruhe breitet sich in mir aus und die zuvor gespürte Wärme, das wohlige Gefühl, es ist weg, dafür höre ich wieder Stimmen, die ich nicht zuordnet bekomme.

Meine Augen möchte ich öffnen, um zu sehen, was um mich herum passiert. Mir gelingt es, meine Augen einen Spalt zu öffnen, doch dadurch wird das Licht immer stärker, ich werde geblendet, doch seine Anziehungskraft ist größer und doch spüre ich gleichzeitig, dass mein Körper schwächer wird. Meine Augen fallen erneut zu und auch jetzt noch sehe ich das helle Licht. Ich sehe mich aufstehen, dem Licht entgegengehen.

Jeder Schritt, der mich dem Lichtstrahl näherbringen soll, fällt mir schwerer. Genau spüre ich, immer mehr an Stärke zu verlieren. Alles an meinem Körper tut weh, der aktuelle Zustand ist nicht gut und ich will diesem entkommen. Warum kann ich nicht einschlafen? Meine Sehnsucht ist es, für immer meine Ruhe zu finden.

Erneut dringen Stimmen an meine Ohren und ich habe ein Gefühl in mir, als würde an meinem Körper gezogen. Neue Schmerzen spüre ich und die Stimmen werden lauter. Beides stört mich auf meinem Weg zur Ruhe. Nur weitergehen, sage ich mir, bald habe ich das Licht erreicht und finde endlich meine Ruhe und Erlösung.

„Anne! Anne! Bleib hier!"

Was sind das für Stimmen? Was soll das alles? Ich will doch nur schlafen. Meine Schritte sind wackelig, ich stolpere und lande unsanft auf dem Boden der mir wie schwarz angemalt vorkommt. Wo bin ich nur? Ich muss meine Orientierung verloren haben. Aufstehen, Anne, du darfst dich nicht aufgeben und musst es schaffen das Licht zu erreichen. Meine Arme zittern, als ich meinen Körper auf sie stütze, um wieder auf meine Beine zu kommen. Endlich! Ich stehe wieder auf den Beinen, strahle über mein ganzes Gesicht und laufe jetzt, viel leichter und unbeschwerter als zuvor auf den Lichtstrahl zu. Mir geht es so gut, ich schwebe über den Boden, spüre keinen Schmerz mehr und bewege mich in der Gewissheit, gleich die ewige Ruhe zu finden. Jetzt liegen nur noch wenige Schritte vor mir. Leichtigkeit und Freude breiten sich in mir aus. Ich scheine es geschafft zu haben dem Lichtstrahl so nahe zu kommen, dass kein Schmerz mich mehr aufsuchen kann.

„Anne! Bitte bleib hier!"

Mein Körper wird erneut unruhig und ich falle wieder auf den schwarzen Boden, verliere das Licht aus den Augen, alles wird dunkel um mich herum. Wo kommen diese Stimmen her? Zu meinem Opa gehören sie nicht, das ist mir bewusst.

„Lasst mich doch schlafen, bitte!" Meine Worte kommen nicht über meine Lippen.

Mit einem Male sehe ich meinen Opa durch den Lichtstrahl gehen. Ich will ihn rufen, bitten, doch auf mich zu warten, es gelingt mir nicht. Keinen Ton bringe ich über meine Lippen. Auf dem Boden kauernd sehe ich meinem Opa hinterher, wie er in das helle Licht eintritt. Seine Schritte sind sicher und sein Körper ist nicht mehr der eines alten Mannes. Wieder versuche ich ihn zu rufen und dieses Mal lässt meine Stimme mich nicht im Stich. „Opa! Warte auf mich!"

Meine Kraft schwindet, ich sacke zusammen. Meinen Kopf hebe ich in die Richtung, wo ich meinen Opa zuletzt gesehen habe.

„Lebe wohl, Anne!" Im Umdrehen von meinem Opa höre ich diese Worte.

„Du musst auf mich warten, Opa! Bitte!" Meine Stimme wird brüchig und dünn. Sehen kann ich aber, mit jedem Schritt, mit dem mein Opa sich dem Lichtstrahl nähert, scheint er jünger zu werden. Meine Gedanken wandern zu der Sanduhr. Ist es möglich, dass die Sanduhr meines Opas sich wieder auffüllt? Kann es sein, dass er bald wieder ein junger und gesunder Mann sein wird?

Noch einmal dreht sich Opa zu mir um und ich erkenne ihn kaum noch. Mir fällt ein Foto ein, das immer auf dem Nachttisch meiner Oma seinen Platz hatte und meinen Opa in jungen Jahren zeigte. Ja, genauso sieht er jetzt wieder aus. Gesund, vital und jung. Dann sehe ich, wie Opa in den Lichtstrahl eingehüllt wird. Eine weiße Rose ist das Letzte, das ich sehen kann.

Meine Augen sind geblendet und ich möchte meine Hände heben, um die Augen vor dem grellen Schein zu schützen. Es gelingt mir nicht.

„Sie atmet!"

„Anne! Bitte, mach deine Augen auf!"

Was ist jetzt los? Wieso höre ich fremde Stimmen? Warum tut mir mit einem Mal der ganze Körper wieder so weh?

Was ist mit mir los? Was ist nur passiert? Gerade war ich noch auf der blühenden Wiese mit meinem geliebten Opa. Und jetzt? Opa! Wo ist mein Opa?

Meine Augen öffnen sich einen Spalt. Mein Blick sucht den Lichtstrahl ab, ich kann meinen Opa nicht mehr darin sehen. Panik kommt in mir auf und ich spüre, mein Körper reagiert und zittert.

Meine Augen öffnen sich noch ein Stück und ich blicke in das helle Licht.

„Opa?"

„Anne? Behalte deine Augen auf! Jetzt dreht doch das Licht zur Seite, die Kleine wird geblendet."

Ich will nur schlafen, einfach einschlafen, für immer. Träumen möchte ich wieder und keine Schmerzen mehr spüren. Wieso darf ich nicht wieder auf die schöne Blumenwiese zurück? Bestimmt treffe ich dort meinen Opa wieder und wir zwei verbringen den restlichen Tag in der Natur. Das Wetter war doch gerade noch so schön und ich sehne mich nach der Wiese, der Eiche, nach meinem Opa.

Meine Brust tut mit einem Male wieder so weh, es sind starke Schmerzen, gerade so, als setzte sich jemand auf meine Brust. Wieder kann ich einen Lichtstrahl sehen und erneut dringen fremde Stimmen in meine Ohren.

„Sie ist noch nicht stabil. Los, wir müssen um ihr Leben kämpfen!"

Ich möchte nicht mehr kämpfen! Wann hat das alles sein Ende gefunden? Meine Sehnsucht ist es, zu schlafen, für immer zu schlafen.

An meinem Körper wird gezogen, ich spüre einen Stich in meinem Arm und ich bin nicht in der Lage, mich dagegen zu wehren. Das Licht wird stärker und heller.

„Kind! Mach deine Augen auf, bitte!"

Was für eine Stimme ist das nur? Wo ist mein geliebter Opa geblieben? Ich will ihn rufen, mir fehlt jedoch die Kraft meine Lippen zu bewegen.

„Öffne bitte deine Augen!"

Die Stimme hört nicht auf, in meine Ohren zu dringen. Ich will nur meine Ruhe, ich will schlafen, einfach einschlafen, ohne noch weiteren Schmerz zu verspüren.

„Öffne deine Augen, Anne!"

Wie aus weiter Ferne dringen diese Worte an meine Ohren.

„Sie öffnet die Augen!"

Noch lauter als zuvor höre ich eine Stimme rufen. Das helle Licht wird noch greller.

„Dreht endlich das Licht zur Seite", höre ich eine Frau sagen. Ihre Stimme ist sanfter als die zuvor gehörten Stimmen und ich fühle mich sogleich besser.

„Anne! Lass bitte deine Augen auf, Kind!"

Wieder ist es die sanfte Stimme einer Frau, die in meine Ohren kommt. Meine Angst, sie schwindet.

„Herzlich willkommen im Leben", höre ich als nächstes die Frau sagen. Meine Augen öffne ich und blicke mich vorsichtig um.

„Nicht wieder die Augen schließen, bitte, Anne!"

Jetzt rüttelt die Frau an meinem Körper, was ich nicht möchte. Es tut mir doch weh!

„Gut, so, Anne! Versuche, deine Augen aufzubehalten."

Das, was ich nun sehen kann, es gefällt mir nicht, es macht mir Angst.

„Du musst keine Angst haben, Anne. Ich bin Ärztin und habe dich operiert und in den letzten Tagen begleitet."

Was soll das Gerede, so meine Gedanken. Sie hat mich nicht begleitet. „Opa", hauche ich ihr entgegen. Kurz flackern ihre Augen, vielleicht habe ich mir das auch nur eingebildet. Ich bin noch so müde und will nur schlafen.

„Bitte, lass deine Augen auf, Anne."

Fünf Tage später

Die Ärztin hat mich aufgeklärt und mir berichtet, was passiert ist. Zunächst wollte ich ihren Worten nicht Glauben schenken. „Opa und ich waren die ganze Zeit zusammen. Wir haben die Natur aufgesucht und schöne Ausflüge gemacht vor seinem Tod. Er ist in seinem Bett eingeschlafen", mein Versuch, die Ärztin von meiner Wahrheit zu überzeugen, fruchtete nicht.

Inzwischen habe ich mich auch in einem Spiegel gesehen und den ersten Schreck über mein Aussehen verloren. Es wird noch Wochen dauern, so die Ärztin, bis ich wieder nach Hause darf, bis die meisten Wunden an meinem Körper verheilt sein werden.

Meine Mutter hat mich gleich besucht, als ich aufgewacht war.

„Dein Opa ist verstorben, Anne", ihre Stimme war sehr leise.

„Ich war doch dabei, Mutter, als Opa gestorben ist und seine Seele abgeholt wurde", gab ich ihr Auskunft. Mutter reagierte mit einem fragenden Blick auf meine Worte. „Du sagst noch immer so komische Dinge, Anne. Bitte höre damit auf. Ich muss dir noch eine traurige Mitteilung machen, Anne."

„Ich kann mir denken, es geht um Oma."

„Deine Oma ist auch verstorben, Anne. Es ist so traurig, beide Eltern sind binnen weniger Tage verstorben."

„Ich weiß es doch schon, Mutter. Ich habe alles gesehen und schon vorausgeahnt", war meine Reaktion. „An den Geruch vor dem Tod kann ich mich noch erinnern."

Meine Worte haben meine Mutter nicht wirklich erreicht. Ich denke, sie möchte nicht mehr alles hören, was ich sage.

Statt auf meine Worte einzugehen, fragte sie mich: „Wie kannst du schon von Omas Tod erfahren haben?"

„Ich war doch dabei, als Opa gestorben ist, und dann habe ich den Geruch in der Nase aufgenommen und als dein Anruf kam, Oma sei gestorben, da habe ich es doch schon gewusst. Hast du alles vergessen, Mutter?"

Im Anschluss bin ich wieder eingeschlafen, leider habe ich keinen Traum erlebt, eventuell war ich zu erschöpft. Beim Aufwachen hatte ich das Gefühl, mein Kopf ist leer.

Am Abend kam meine Mutter wieder zu Besuch. „Anne! Geht es dir schon etwas besser?" Mutter blieb mit einem Blick an meinem Bett stehen, der mir sogleich signalisierte, es ist etwas geschehen. „Sag, dass das nicht wahr ist, Anne!", Mutters Stimme wurde laut. Lange musste ich nicht warten, um zu erfahren, was die Aufmerksamkeit meiner Mutter so gefangen hatte.

„Eine weiße Rose liegt auf deinem Nachttisch, Anne. Wo nur kommt die Rose her? Du liegst auf der Intensivstation und außer mir war kein Mensch an deinem Bett."

Für einen kleinen Moment habe ich meine Augen geschlossen und innerlich gestrahlt. Es war noch zu früh, mit Mutter offen zu reden, dessen war ich mir bewusst. Zu vieles war passiert und sicherlich hat sie sich noch immer nicht in ihrem Wesen geändert. Zu glauben, was man nicht sehen kann, diese Gabe haben nur wenige Menschen. Wenn ich gesund bin, das Krankenhaus endlich wieder verlassen darf, mein erster Weg führt mich in den Wald.

Rückblende
Auszug aus der Tageszeitung
von letzter Woche:

Tragischer Verkehrsunfall auf der Bundesstraße

Unter dem Einsatz der ortsansässigen Feuerwehr konnten ein Kind und ein älterer Mann aus einem Wagen befreit werden.

Während der Mann noch an der Unfallstelle verstarb, konnte der körperliche Zustand des Kindes stabilisiert werden. Die Bundesstraße wurde für drei Stunden gesperrt. Ein herbeigerufener Hubschrauber brachte das Kind in ein nahegelgenes Krankenhaus. Wie zu erfahren war, wurde das Kind in künstliches Koma gelegt.

„Es war fürchterlich für uns zu sehen, dass das kleine Mädchen in dem Auto eingeklemmt war. Belastend war für mich die Gewissheit, wir können das Kind nicht so rasch befreien, wie von uns angestrebt war", so einer der Feuerwehrmänner, der als einer der Ersten am Tatort eingetroffen war. „Der alte Mann hat zunächst noch gelebt, er hat mir unbedingt etwas sagen wollen. Nachdem wir ihn aus dem Autofrack befreit hatten, er auf der Straße lag, beugte ich mich über seinen Kopf."

Dem Feuerwehrmann versagten an dieser Stelle die Stimme und ich musste mich gedulden, bis er in der Lage war, weiterzusprechen.

„Passen Sie auf meine Anne auf, bitte. Jedenfalls so lange, bis meine Seele wieder …", an dieser Stelle sackte der Körper des alten Mannes zusammen. Der Rettungsarzt, der sehr schnell an der Unfallstelle eingetroffen war, konnte nur noch den Tod feststellen.

Redaktion Tageblatt